U0053325

丹麥史

航向新世紀的童話王國

許智偉——著

三民書局

增訂二版序

　　在丹麥工作十年以後，才回國定居；先為國立編譯館寫了《北歐五國的教育》，又為文建會寫《丹麥文化行政》。所以好友洪茂雄教授竭力推薦我替三民書局寫乙本《丹麥史》，並且建議用講故事的體裁，力求通俗。但是既列入三民「國別史叢書」，又在「亦師亦友，於我有恩」的劉振強先生領導之下寫書，我無法不盡心盡力地用心寫作。每一文獻都詳加考據，以敘明「原意」。每一人物更一再體驗，以理解「真心」。寫作之時，且曾多次午夜夢迴，返到丹麥的皇家圖書館去看書，從外院跨入內院，大門前依然聳立著《大秦景教流行中國碑》的石刻。有時憶及陪同來賓逛「梯浮里花園」看到「與民同樂」的匾額，又好像回到了故鄉。雖然分處地球兩端，文化交流卻如此密切。

　　丹麥，迷人的丹麥，對我來說，幼時愛讀安徒生童話，老了仍在研討祁克果哲學和推廣葛隆維教育。昔日英武善戰的維金，現今成為全球和平研究的中心；不僅建立社會福利的制度，並且把「代議政體」昇華為投票之前必須充分協調溝通的「審議民主」。雖然我貧口拙筆，但卻真誠地把我所愛的、令人著迷的丹麥，介紹給有緣的讀者。

　　本書在 2003 年 7 月正式出版，由於三民書局的號召及讀者

們的錯愛，到 2014 年 8 月已經三刷。編輯部來詢可否再版。當時
我雄心勃勃地答覆可以且謂必須略加修訂。焉知這一修訂推遲了
再版。由於內子病重，進出醫院數次，且於 2015 年底先逝。我頓
時生活失依，天地變色，自己的健康也亮起紅燈；發現癌細胞轉
移骨髓，白天步履維艱，晚上難以入眠，經與教會兄弟禱告後，
從看了二十多年病的臺大醫院轉診至和信醫院，才奇蹟似地逐步
康復。但年過九十以後，體力日衰，搜集新資料，已經力有不逮。

　　日前，國際資深媒體人楊蓓薇來訪，談及她們為攝製一部有
關丹麥的紀錄片，已數度到丹麥採訪，不僅搜集到許多嶄新資料，
並且訪問了有關政要及社會各界人士，尤其難能可貴的是由留法
名攝影師劉信佑先生擔任導演，拍攝了不少珍貴的影片與照片，
有助於瞭解現代的丹麥真實情況。她樂於修訂及校閱本書並補寫
第七章且增為三節如下：

　　第一節　勤政愛民的瑪格麗特二世

　　第二節　「丹麥模式」的民主──審議、協商與溝通

　　第三節　締造人人確幸、全民幸福的國家

希望藉著本書的再版，再度與讀者結緣，與三民結緣，並且與天
下有緣人士結緣，是為序。

　　　　　　　　許智偉序於 2022 年元月，時年 91 歲

序——感謝的話

正如狄爾泰 (Wilheln Dilthey, 1833–1911) 所說:「現在」中包含著「過去」又孕育著「未來」。當我生活在小而美麗的現代丹麥,天天享受著花香、書香、伴隨著濃濃人情的生活時;都常常會神遊啟蒙時代的歐洲。每一次穿越那古老的庭院,到皇家圖書館去借書時,更好像復經時光隧道、返到中古丹麥。

文化古蹟的維護,做得跟環保一樣認真的丹麥人,處處帶領吾人暢遊他們的歷史長河。海鷗繞舞的渡輪會引你到芬島去聽安徒生講故事, 鄉下簡樸的教堂讓你與蔦隆維 (N. F. S. Grundtvig, 1783–1872) 同聲讚美天父, 又可欣賞新生鐸夫 (Nicolaus L. Zinzendorf, 1700–1760) 的講道遺跡。甚至我還在日德蘭半島上一個小鎮:吉維 (Give) 聽到倪柝聲弟兄釋放的信息。

丹麥實在是那樣的迷人,居住愈久愈覺得她可愛;也使我多年來樂於介紹她各種不同的面相。但是愈寫丹麥,愈覺得難於動筆。每一種語言都自成一個世界,從我們的世界來詮釋另外一個世界,永遠有它某些無法溝通的鴻溝。每譯一詞,豈僅是「踟躕旬日」,有時要經過好幾個月的推敲。「信、達、雅」似易實難。尤其是丹麥文與德文及英文,常常字母拼法相似而發音南轅北轍。依照規則,譯名應根據其本國語文的發音,且力求接近該字原義,

故很多中譯與坊間出版品不同。例如安徒生的故鄉是「歐恩塞」而不是「奧登塞」；丹王「費特力」而不是「腓特烈」等均是。

　　如果要清楚明白地說明一個主題或敘述一個事件，又往往非經無數探索與長期的「再體驗」(Nacherleben)，是無法回溯資料的「原初語境」(Sprachgebiet)，與再現作者的「原始心境」(Dastellenswollen)，而瞭解其生態環境及社會脈絡，認知其文化背景及歷史淵源。也唯有經過了如此的「切問近思」，我們才能真實地理解，正確地詮釋。也即為此，才能發現：為何同為北歐的社會福利制度，丹麥與瑞典實質不同；同為監察委員(Ombudsman)，我國與丹麥的毀譽不一。更係為此，我們才能大膽地替金恩 (Edmund J. King, 1914–2002) 比較教育名著的結論，加上一個注腳：北歐現代化與維金人更新變化成美麗的丹麥人之動力在基督的教化與教育的發展。

　　既曾用整個生命擁抱過丹麥，所以當多年知己洪茂雄教授邀我撰寫「丹麥史話」時，也就樂於應允。及知這是屬於三民書局的國別史叢書時，我更覺得義無反顧地立即簽約，並且把它列為第一優先而如期趕工完竣。因為我欠了三民書局劉振強先生一個很大的人情，一個銘感終生的人情。早在中美斷交後的次年，長女永聖自臺大政治系畢業，並獲得美國俄亥俄州立大學的獎學金。親友競相慶賀，而我自己卻憂愁地為著如何籌措小女的旅費及第一年的生活費向主禱告。正當其時，好友史振鼎兄突來告知，三民書局董事長劉振強先生想約我寫兩本書，並可預付稿費，得解燃眉之急，使小女順利赴美升學。可是，其後由於工作上的變動，

慚愧地竟多年未能把書稿完卷,甚至,荒唐的是幾乎把此一書債淡忘了,直到有一天,內子粹吽赴美探望小女,湊巧在華航班機上與劉董事長鄰座,談起往事,歸而督責。為此,我重新立志,決計利用所有公餘之暇來著書還債。際此本書即將出版之時,我必須再一次向振強先生表示由衷的感謝!

當然,本書的完成,亦必須謝謝丹麥駐華代表童可善先生 (Mr. Therkild Therkildsen) 和該處資深商務專員歐淑娟小姐 (Ms. Elice Ou)。承蒙他們惠贈不少最新的資訊,也校正了若干無心的錯誤。我國駐丹麥代表顧富章大使和秘書梁娟娟小姐 (Ms. Tina Christensen) 也曾熱心地代為查證部分資料並接洽授權,高情隆誼,永銘五中。三民書局同仁的費神編排、精心校對與規劃出版,認真負責,令人欽佩,謹也在此一併誌謝。

筆者才疏學淺,且未受嚴格的史學訓練,錯誤難免,尚乞讀者先進,不吝惠予指正為幸。

許智偉　謹序於 2003 年 5 月 20 日

丹麥史
航向新世紀的童話王國

目　次 | *Contents*

Denmark

第 1 篇

北歐的崛起

第一章 | *Chapter 1*

英武蓋世的維金人

第一節　童話仙境的史前時代

　　高空俯瞰丹麥，連接歐洲大陸的日德蘭半島從北海直衝斯堪地納維亞 (Scandinavia)，波濤翻騰，又遠遠地激起了環抱著東南邊界之波羅的海的浪花。在這一片美麗的海域中，星羅棋布地陳列著四百七十四座大小不等的島嶼。從機窗中望出去，透過白雲，可以看到在蔚藍大海中點綴著片片帆影，安靜中躍動著生命的活力。站在甲板上，欣賞海天一色，創造者奇妙的手段時，更可以聽到成群海鷗繞船飛舞，和風而鳴的歌聲；令人俗氣盡消，低頭敬拜宇宙所述說的神之榮耀。

　　這裡，不是東方的香格里拉，而是泰西的童話仙境。在這裡，是美人魚的故鄉，國王穿新衣的地方——丹麥（Denmark，意為丹人之國）。

　　依據地質學的研究，當地球上冰河期結束，冰雪融化以後，

丹麥地區便覆蓋著森林，滋長出草原，開始有哺乳動物的出沒。考古學家在哥本哈根的北方：「凡碑」(Vedbaek)，便挖掘出石器時代的遺物，證明當時已有了人類的活動。附近的古墓和石碑，顯示生活在新石器時代 (c. 4200–1800 B.C.) 的丹麥人已懂得播種五穀，飼養牛羊與豬狗。如果你到民族博物館去參觀，更可發現青銅器時代 (c. 1800–500 B.C.) 遺留至今的長管銅製號角樂器──「魯爾」(Lurs)，還可以在國家大典中吹奏。「太陽馬車」依舊站在那裡擺出凱旋的姿態。早在西元前 500 年，鐵器的使用已經傳入了丹麥，人們開始伐木而居，而且群聚成村落；不僅製造耕犁用的農具，而且亦發明了戰爭所用的利斧。

在鐵器時代的後期 (c. 200–750 A.D.)──史家稱為「日耳曼時期」，北歐古文「魯尼」(Rune) 開始流傳，雕刻在墓碑和巨石上的「魯尼」不斷地被後人發現；它不僅與凱爾特 (Celtic) 文化有關，而且亦相當地影響了日耳曼語系文字的發展。當時用於祭祀的器物和獻牲的「人頭骨」被喜愛考古的人士視為珍寶，迄今仍收藏在錫克堡 (Silkeborg) 的博物館中。附近的「天山」(Himmelbjerget)，海拔一百四十七公尺，是丹麥的最高峰，已經移民美國的丹麥人，每年還透過「丹僑協會」回來登山祭祖。這個地區也的確有許多文化古蹟，值得人們繼續探索。從語言、文字、民俗及種族學的研究，幾已公認北歐各族與日耳曼人（Germani 的拉丁文原義為勇士，但凱爾特語則指蠻族）系出同源，甚至有人懷疑丹麥及斯堪地納維亞南部為日耳曼人的故鄉。但彼此究竟仍有相當的差異，縱或太古時期一本同源，但因生活

在不同的地理環境中，獲取不同的歷史經驗，更難免在血統上與不同的當地土人混合，而加大了文化上的歧異。定居在北歐的古日耳曼人，被稱為「北日耳曼人」，與在民族大遷徙時代顛覆羅馬帝國的東、西日耳曼人有所不同。羅馬人視四周鄰族為化外人，位於日耳曼後方，極北苦寒之地的維金人（Viking 原義為海上戰士及商人，或指駕舟出沒於峽灣的人）更被視為北方的蠻族——諾曼人 (Norman)。

第二節　北歐神話中的維金人

維金人由於所居島嶼上遍布木質堅硬的榛樹和橡樹，得以建造長而快速的帆船，配以鐵器製成的利斧與頭盔而航行海上。每逢人口繁殖，糧食不足，又碰到氣候惡劣，不易生存之時，往往被迫四出掠奪，尤其是南下侵擾富裕而文明的羅馬帝國。由於他們猝然而來，席捲而去，燒殺擄掠，連修道院都不肯放過，被古人目為凶狠的海盜。

維金人的行為方式，亦正反映了他們的原始宗教信仰。從史魯孫 (Snorri Sturluson, 1179–1241) 所編輯的《維金神話》（包括韻文 Edda 和散文 Saga）中可以發現，自然原本是各種勢力。令人駭異、驚恐與痛苦的是「妖怪」，如冰雪、火燄和大海等，原處於遙遠而黑暗的「極地」。令人舒適、平安與快樂的是「天仙」，如太陽、夏令與樹木等，來自上面的阿斯卡（Asgard，原義是 Asen 之國）。天仙的領袖是奧定 (Odin)，他不僅主宰戰爭，而且發明了

文字——魯尼。傳說中他是古代的一位雄主，率領了十二個義子及一群向外開拓的天仙，離開亞洲故鄉，最後定居在丹麥。范兒格女仙 (Valkyrs) 負責選擇每次戰爭中的勇士，並在他被殺後引入奧定堂 (Hall of Odin)，且把懦怯者驅逐到海拉 (Hela) 去。維金人相信，要勇敢地服從天上的權力，根本用不著懼怕；不能戰死沙場才是一件可恥可悲的事。所以他們在病危的時候，會在自己身上割劃許多傷痕，冀望奧定能把他們當作受傷的戰士來接納。年老的國王更要在臨死之前移居船上，放置柴火，拉起滿帆，駛往大海；老英雄要在船身焚燒以後，在熊熊火光中，乘風破浪進入阿斯卡。每一個年輕的維金人都被訓練成視死如歸的勇士，衝海浪，冒冰雪，浴血奮戰，活著升為領袖，死後成為天仙。這樣的

圖 1：范兒格女仙將死去的勇士帶至奧定堂

人生是何等的壯烈與純樸！另外幾位重要的天仙是主管雷電風雨的篤爾 (Thor)，曾深入魔窟，掃蕩群魔，使人類得以和平生活。他的妻子希芙 (Sif) 為大地之母，養育萬物。他的兄弟鮑都 (Balder) 則為性情仁慈的太陽，給人間帶來光明。次弟杜維 (Tiw)，聰穎伶俐，主管知識。勤勞的幼弟法萊 (Freyr) 則主管農漁畜牧，妹妹法雅 (Freya) 負責美麗與愛情。再加上其他的天仙，人間的勇士和金髮的美女，編織成許多可歌可泣的英雄事蹟和美麗動人的北歐神話。如果以之與德意志的神話《尼布龍艮》(*Nibelungen Lied*) 作比較的話，可發現它們有許多相類似的地方，更可推認它們系出日耳曼的同源。

第三節　建都於日德蘭半島的懿林王朝

歐洲史上有關於丹麥的記載，首見於民族大遷徙時期。當東日耳曼的法蘭克族（Franken，原義為自由人）所建立的卡羅林王朝 (751–919) 興起之時，丹人也開始具備了國家的型態。相鄰各部族共戴一位丹王，並於 750 年左右，在日德蘭半島的海地市 (Hedeby) 附近建立了王城，名為「丹尼苑」(Danevirk)，更時常集結兵力南侵。然而，由於查理曼大帝 （Karl der Grosse, 王 768–帝 800–814，其名英文為 Charles，法文為 Charlemagne，中文通常譯為查理曼）驍勇善戰，武功鼎盛，已征服薩克遜，統馭日耳曼，獲贈倫巴鐵冠，逼退西班牙回教強敵，又應教皇里奧三世（Leo III, 795–816 在位）之邀，入義大利平亂，而於 800 年被加

冕為羅馬帝國皇帝。法蘭克帝國的國勢強大，維金人難攖其鋒，數度交戰均戰敗獻盾。810 年時，丹王哥法力 （Godfred, c. 804–810 在位）陣亡，使北蠻自此被拒於歐洲大陸之外。但維金人不僅屢敗屢戰，侵擾不已，而且變本加厲地西侵英倫，遠及北美；東窺芬蘭，到達俄羅斯，甚至還在西法蘭克的北部建立了諾曼第大公國。

826 年，天主教修士安士高 (Ansgar, 801–865) 首先進入丹麥境內傳教，期望能用耶穌基督的福音來感化蠻族。接著有許多傳教士接受呼召，參加向化外人傳福音的行列，企圖徹底擺脫此種來自海外的恐怖夢魘。同時，維金人也逐漸改變他們向外擴展生存空間的方式；從突襲性的搶掠，改變為軍事殖民式的占領。他們在都伯林 (Dublin)、柯克郡 (Cork) 等地建立城堡，與當地居民通商、通婚，終致皈依基督，而逐漸融入泰西文化的主流。可是另一方面，丹麥的民俗與法律亦深深地影響了他統治過的地方。今天我們不僅可以看到許多在都伯林和柯克郡等地挖掘出來的丹麥遺物，而且許多地名的字尾為 "-by"（丹文：市鎮），"-toft"（丹文：村莊）及 "-valley"（丹文：街道）者，亦可以明顯看出是中古時代丹麥人的殖民地。英國的抗丹英雄亞弗烈大王（Alfred The Great of Wessex, 871–901 在位）雖然逐步擊敗丹軍，光復故土，並使丹人後裔都變成了基督徒，更變成了英國人，但丹麥的法律卻也構成英國習慣法的一部分。

十世紀初期，丹麥本土遭受東日耳曼人的壓力愈來愈重，甚至王城與商業重鎮海地市亦於 934 年被其占領，教皇亦隨即派遣

了三位主教分駐海地、力陣 (Ribe) 及歐胡市 (Aarhus)，以加強福音化丹麥的工作。同時，雙方的通商貿易更不斷增長，蓬勃發展。當老王（Gorm the Old, 936–958 在位）從英倫撤退返國以後，遷都於懿林 (Jelling)，以便於進出峽灣與陸地行軍，他重行整軍經武，且也率先皈依基督，並與民立約，帶領部眾集體接受洗禮。其子哈勞德一世（Harald I, 958–985 在位）亦英武蓋世，有「藍牙大王」的稱號，繼位後統一了丹麥及挪威的各維金部落，並使他們都歸屬於基督教文化的範圍。考古學家發掘出來的丹麥第一古蹟：「懿林王陵」（老王父子的兩座陵墓），在石碑上以古文銘刻著：「贏得整個丹麥和挪威的國王哈勞德，他使丹人都變成了基督徒；謹立此碑以紀念父王哥恩和母后泰拉。」由此亦可證明老王確是「丹麥懿林王朝」的始祖。962 年，奧圖一世（Otto I, der Grosse, 王 936－帝 962–973）被教皇約翰十二世（Johann XII, 955–964 在位）加冕為羅馬帝國皇帝，要他負起護衛天主公教，討伐異教蠻族的使命。哈勞德王既已受洗且熱心於全國歸宗，故自信能與同樣崇奉基督的羅馬帝國和平共處、通商往來。968 年光復丹尼苑後，便大興土木，砍伐了萬餘棵橡樹來建設王城。但帝國的部隊卻仍在日德蘭半島上時相侵逼。為了便利軍事上的防衛，亦為了東疆的開發與斯堪尼亞（Scania，斯堪地納維亞半島的南部）的統治；974 年，哈勞德一世決定遷都到璽蘭島（Sjælland，英文名 Zealand）的羅士基 (Roskilde)，卻因此奠定了他以後建立海上大帝國的基礎。

第四節　統治英格蘭的丹麥王朝

　　綽號「大鬍子」的史溫 (Sweyn Forkbeard, 985–1014) 是哈勞德一世的王子，成長於戰時而英勇無比。在日德蘭半島上逐退日耳曼人後更屢次率軍遠征英格蘭，索取賠款而返。1000 年起，他更改採長期占領的殖民政策。雖然容許通商、通婚，但流血衝突仍然難免。其妹宮妮姐 (Gunhild, ?–1002) 在軍次與英國貴族結婚後，竭力斡旋雙方停戰，以制止燒殺掠奪、傷害無辜的暴行，而於次年促成英國和丹麥訂定了和約。焉知在丹軍撤回不久，英王愛鐵來二世（Ethelred II, 978–1016 在位，號稱 The Unready）居然於 1002 年受惑下令殺盡英國境內的丹麥人，連宮妮姐亦不放過。她臨刑前忠告說：「我為英、丹兩國和平而奔波，你們卻以屠殺丹人為報答。豈非英國自取滅亡？」丹王史溫聞訊大怒，立即率軍攻打英格蘭，從東北部登陸，順次南下，征服全國，於 1003 年即位為英吉利王。愛鐵來二世倉皇遁逃，帶著王后及兩個王子到其岳家諾曼第公國去避難。次年，史溫病逝征戰途次，太子開紐特一世（Canute I, 1017–1035 在位）立即嗣位，續與愛鐵來二世及其子愛德孟二世（Edmund II, 1016–1016 在位）爭戰，經浴血大會戰六次以上，始由平分天下而至統一全島，終於在 1017 年被盎格魯‧薩克遜及丹麥兩國共推為國君，尊稱：「大王」，開創了統治英國的丹麥王朝。開紐特治理英國期間，頗為勤政愛民，且曾謙遜地表示：「君權有限，即連命令海水退潮也無法做到。但

是，萬王之王的主耶穌斥責風和海，風和海就大大地平靜了。所以我們要敬拜管理天、地、海和其中萬物的真神！」他還重用當地人才，推行本土化的政策，各地郡守均由薩克遜的貴族出任，公主嫁給威撒克斯郡 (Wassex) 的總督哥溫 (Godwin, c. 1001-1053)，自己也娶了愛鐵來二世的遺孀愛瑪 (Emma of Normandy, c. 984-1052)。兩國貴族互相通婚更不在話下，海上貿易也得以在和平中蓬勃發展。在政權穩固後，他於 1026 年又回丹，揮軍兼併挪威，入侵瑞典，而建立了一個以北海為中心的「海上大帝國」。並且派遣傳教士到北歐各地傳教，還以《亞弗烈大王法典》為基礎，編纂了一部新法典。文治武功，均有卓越成就。1027 年他藉參加神聖羅馬帝國皇帝康拉德二世（Konrad II, 王 1024－帝 1027-1039）加冕典禮的機會，遠赴羅馬等地參訪，並與教廷結盟，正在前途大有可為之時，惜英年早逝，駕崩於沙夫茲堡 (Shaftesburg)。為嗣位問題，又引起了他三位王子間的紛爭，和擁立者之間的內戰。二王子哈羅得 （Harold I, 1035-1040 在位）搶先在英登位，號稱「飛毛腿」(Harefoot)；四年後在丹麥的三王子哈地開紐特（Hardecanute, 1040-1042 在位）來英繼位。他為愛瑪王后所生，雖生前頗受寵愛，但接位才兩年，也因暴病而死，沒有留下子嗣，英人只能到諾曼第公國去把愛瑪王后與愛鐵來二世所生的第二個王子愛德華 （Edward the Confessor, 1042-1066 在位）請回來，而開啟了英國史上的薩克遜王朝，丹麥人只能退回本國，重行經營北歐的疆域及其在大西洋島嶼上的殖民地。

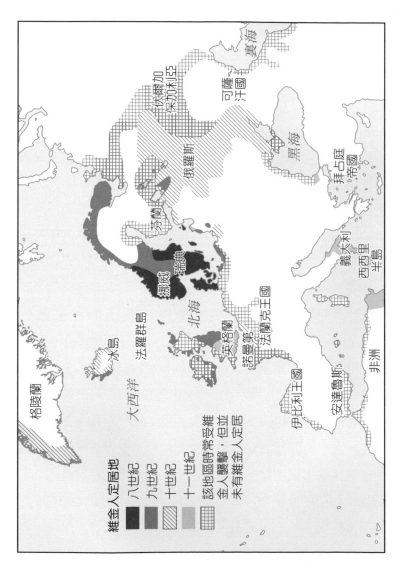

圖 2：維金人遷徙各地

第二章 | *Chapter 2*

中古時代的丹麥

第一節　遷都羅士基的海上王國

　　維金人雖然勇於爭鬥、崇尚武力；但其對內相當民主，對外亦肯遵守國際行為的規則。各部落間發生戰爭時，戰敗的一方，便將繪刻有該部落圖騰的盾牌獻給對方，表示臣服。戰勝的一方不僅接收貢物，並可指揮其隨同作戰，因此聚集強大的軍力，以軍事殖民的方式，不斷征伐而形成了國家。今天在費特力宮(Frederiksborg)中所陳列的無數盾牌，正可以顯示十世紀以來丹王的輝煌戰績。從十一世紀開始，丹麥與挪威雖亦互相征伐，但更多的時候對外聯合作戰，共同擴張；而王室間又互相聯姻，永結秦晉。由於當時東歐的斯拉夫人（尤其是汶德族：Wend）開始西侵，丹、挪兩國必須共同防禦，合作益為密切。1028 年，挪威王奧拉夫二世(Olav II, Haraldsson, 1015–1028 在位，死後被封為聖人)戰敗獻盾，臣服丹麥；開紐特大王不僅以禮待之，還在議

和時約定，將來可以讓子孫互相繼承王位。1042 年哈地開紐特王病逝英倫時，奧拉夫之子挪威王馬革諾 （Magnus the Good of Norway, 1042–1047 在位） 便因之順利地兼任了丹麥國王。他亦不負眾望地於次年便擊潰了大舉入侵的汶德族部隊，而解除了斯拉夫人的威脅，並且把維金王國的勢力擴展到波羅的海東岸。馬革諾於 1047 年崩逝後，丹麥的諸侯們再推舉開紐特大王的外甥愛斯德力生（Svend Estridsen, 1047–1076 在位）為丹麥國王。

　　丹麥雖早在 974 年哈勞德一世時，便遷都羅士基，但因忙於征伐，領導中心在行營，並未刻意經營王都。在統治英格蘭期間，更把重心放在倫敦，本土僅由王子留守。直到愛斯德力生繼承王位後，才能專心地把羅士基建設成海上王國的中心。羅士基位於璽蘭島上，有河道直通海口，便於戰艦進出、舟楫往來。璽蘭島

圖 3：愛斯德力生

不僅面積上是丹麥的第一大島，地理位置上是當時王國的中心，而且西有日德蘭半島，東有斯堪尼亞 （當時屬於丹麥，到十八世紀才割讓給瑞典）為屏障。它西接北海，東聯波羅的海，更具有縱橫洋海的海權國家所需要的優良戰略位置。愛斯德力生王長達二十六年的統治，政治安定，人口與耕地同時增加。而且已集

合莊園為鄉村，每村均有一座木造教堂，成為當地社區活動及精神與文化的中心。那一時期所建立的鄉村幾乎都與基督教的傳統有關，如彼得村 (Pederstrup)、保羅村 (Poulstrup) 等。今天丹麥的地名，如果字尾為 -strup 者，亦可大膽推知其在十一世紀已經建村。從各地農村所受基督教文化影響之大，亦可推知當時福音化丹麥的工作，其實已經做得相當成功。英國來的教士還在璽蘭島的林士站 (Ringsted) 和芬島的歐恩寨 (Odense) 設立了修道院；開紐特大王的妹妹，王太后愛斯德 (Estrid, c. 990–c. 1057) 則在首都羅士基，用巨石蓋了一座教堂，為今天大主教堂的前身。從歐胡市聖母堂地下室的建築亦測定為是當時所蓋的另外一座巨石教堂。這兩座最早建成的巨石教堂，今天均成為丹麥的重要古蹟。

　　愛斯德力生王共生了五個王子；當他於 1076 年駕崩時，循維金古制，由諸侯共推其長子哈羅得（Harald, 1076–1080 在位，封號：The Soft）繼承王位。但六年後哈羅得王逝世時，其次子克諾得（Knud, 1080–1086 在位，封號：Saint）卻強行奪取王位而不肯經過選舉的手續，遭遇民眾叛亂被弒，在位也只有六年。三王子屋老夫（Olaf, 1086–1095 在位，封號：Hunger）繼位九年期間，國內發生了大饑荒。四王子艾力克（Erik, 1095–1103 在位，封號：The Ever Good）登基後認為饑荒是天主的懲罰，且迷信其發生的原因是克諾得的陵墓發生了問題，所以他跑到羅馬去朝覲教皇，送了一筆禮金後，請求把他的哥哥封為聖人，並派遣一位樞機主教駐守於斯堪尼亞的隆德 (Lund)，致使教皇的勢力可以遠達北歐，亦使以後歐洲各國政教衝突的戲碼在丹麥翻版演出。同

時，他又藉口攻打汶德族而增稅作為軍費，根本違背了他接位時永不加稅的誓言，更引起了民怨。當 1099 年，耶路撒冷被第一次東征的十字軍光復後，他又興致勃勃地要去朝聖，但在拜占庭覲見了東羅馬帝國的皇帝，卻未能到達聖地，而在半途的賽浦路斯 (Cyprus) 病故。直到五王子尼爾士（Niels, 1104–1134 在位）繼承大統、登基為王後，丹麥才重新撥亂為治。在他統治的前二十五年，頗能與民休養生息，使這一個北海大帝國在和平的環境中進步發展。從教堂的興建就可以窺知當時社會欣欣向榮的情形。自他接位以後，在十二世紀內，丹麥興建了一千二百餘座花崗石教堂，另外還有三百餘座用其他石材所建的教堂。這需要財力，也需要技術，更需有人為宗教發熱心。可惜的是，有許多王公貴族甚至僧侶教士誤用了這些積極的力量，對上帝的敬虔變成了宗教的傳統和儀禮，甚至墮落成迷信，而拿宗教作為詐財及擴充政治勢力的工具。由於國王和貴族撥贈土地，平民百姓也跟著捐獻田產（跟中國韓愈闢佛時代的寺廟一樣）；日積月累，天主公教會田連阡陌，令人覬覦，致主教及神職都變成了王公貴族爭奪的對象。宗教和政治結合，且因互相爭取令人腐化的權力，和搶奪滋生萬惡的財利，而演變成為「政教衝突」，終致丹麥如同其他歐洲大國一樣，沉淪於文明史上的「黑暗時期」。尤其是當愛士克 (Eskil, 1138–1177) 出任隆德樞機主教之後為然，他高舉教皇哥理高七世（Gregor VII, 1073–1085 在位）所謂「教權高於王權」的主張，憑藉西士殿教團 (Zisterzi Orden) 的擁護，形成了一股足以違抗王權的龐大勢力。

　　尼爾士王執政晚期，不僅內憂日深，而且外患亦加重。丹麥人雖已成功地東拒汶德斯拉夫人的入侵，卻在西疆日德蘭半島上，難擋德意志日耳曼人的壓迫。尼爾士王執政之初，曾分封先王艾力克的王子克諾德 (Knud Lavard, 1096–1131) 為南日德蘭的伯爵。這一位聰明能幹的年輕貴族，採取聯德政策，他引進日耳曼的農民開墾荒地，工匠製造器物，文官協助施政，騎士防守邊疆。汶德族聞風遠颺，不敢來犯；神聖羅馬帝國皇帝亦加封他為日耳曼的公爵。境內更物阜財豐，富甲一方。1130 年，尼爾士王召集各地區主教及貴族舉行御前會議時，克諾德身披絲綢紫袍，盛裝赴會；使那些只能穿毛皮衣服，樸素猶如農民的其他與會者自顧形慚，心生妒忌。兩週後他被尼爾士王之子馬基諾 (Magnus, c. 1106–1134) 夥同眾人刺殺，並企圖奪取他的封邑。留守薛來斯威 (Schleswig) 的群臣聞訊不服，奮起抵抗。當地的日耳曼騎士重挫遠來的王軍，馬基諾與五位主教一起陣亡，另外三位隨行的主教逃回璽蘭島後，各地諸侯已經紛紛舉義旗，攻城掠地，開始爭逐王位的內戰了。

　　尼爾士王薨於 1134 年，享壽七十。他年輕時頗為英明，不僅引進歐洲的封建制度，而且也建立了官僚行政的初期型態。每次出巡都帶著文官長、財務長及參軍長同行，以便分司各職；但晚年卻無力平息眾王子間的紛爭，只能眼睜睜地看著他們勾結有關主教，互相爭權奪利。他死後內戰益劇，生靈塗炭，國將不國。大家搶著當國王，結果卻沒有真正的國王，使丹王本紀留下了二十三年的空白。

第二節　威瑪大王重振雄風

　　當南日德蘭伯爵，也是日耳曼薛來斯威大公的克諾德被殺之時，伯爵夫人俄國貴族英格褒 (Ingeborg of Kiev, fl. 1137) 正懷孕待產，迅被忠心的家臣秘密護送至璽蘭島大地主李克 (Asser Rig, c. 1080–c. 1151) 家中躲藏起來。一週後王子出生，他就是後來復興丹麥的威瑪大王 （Valdemar I, The Great, 1154–1182 在位）。李克把他與兩個親生兒子：愛士本 (Esbern, c. 1127–1204) 與亞伯沙龍 (Absalon, 1128–1201) 同時教養長大，而且不惜重金延請名師教導，使他們都學得一身文武全才。威瑪成年後，首先不計私怨地迎娶他殺父仇人馬基諾的女兒為妻，設法取得政權後，再不斷地安置支持者出任關鍵性的職位，而終得以大展鴻圖地重振海上王國的威風。他於二十六歲被擁戴為丹麥王。次年 (1158)，便任命從巴黎學成歸國的亞伯沙龍為羅士基主教，輔助他整理朝政，弭平內亂，逐步建設城堡以鞏固邊防。從重建丹尼苑開始，以至興建新堡 (Nyborg)、胡定堡 (Vordinborg) 及科爾寨 (Korsør) 等，意圖構成一個連鎖的海上防禦地，帶來掌握北海和波羅的海之海權。當他的哥哥愛士本建立了形勢衝要的卡隆堡 (Kalundborg) 以後，他亦於 1167 年開始建設哥本哈根 (København，原義為商人之港)，期能發展海上貿易。以亞伯沙龍騎馬英姿所雕石像，迄今仍聳立在全球最古老的證券大樓前，背景則是昔日的王宮，今天的國會。進入哥本哈根市區，就可憑弔他輔助明主的豐功偉業。

1169 年，他率軍深入，攻占汶德族的根據地呂根島 (Rügen)，對外肅清宿敵，接著又於次年完成安內大業。藉安葬歷代靈柩的林士站教堂舉行落成典禮時，威瑪大王不僅成功地使父王克諾德被祝封為聖人，而且與教會約定：國王登基時，由樞機主教加冕，樞機主教享有否決權；但全國臣民應向國王宣誓效忠，稱號為：「蒙神祝福的丹麥王」。一下子解決了當時的政教衝突問題，不讓教權利用民眾來反抗王權。且因隆德的樞機主教愛士克返羅馬時，被綽號「紅鬍子」(Barbarossa) 的德意志王朝羅馬帝國皇帝腓特烈一世（Friedrich I, 王 1152－帝 1155-1190）在途中拘禁以後，威瑪大王更得以於 1177 年任命亞伯沙龍取代愛士克為樞機主教。其時愛士本把樹祿 (Sorø) 修道院發展成培養教士的中心， 薩克斯 (Saxo Grammaticus, c. 1160–c. 1220) 則完成了第一部丹麥歷史 ：《丹麥人的事跡》(*Gesta Danorum*)（莎士比亞所寫名劇《哈姆雷特》(*Hamlet*) 即典出於此書）。當時還設計了王徽為三頭藍毛獅子捧著紅心中的十字架。總之，在威瑪大王重振雄風以後，全國力量集中，不僅在掃蕩汶德族的武功上頗有表現，而且國內建設更有長足進步，璽蘭島逐漸取代日德蘭半島而成為丹麥政治、文化及商業的中心。 其王位由他的兩位王子克諾德六世 （Knud VI, 1182-1202 在位）及威瑪二世（Valdemar II, The Victorious, 1202-1241 在位）先後繼承，文治武功也均有成就，而號稱盛世。

　　威瑪二世英武有力，作戰時往往身先士卒，雖一個眼睛被箭矢射瞎，仍奮勇直前，故戰功彪炳，在 1219 年首次使用紅底白十字的國旗，即旗開得勝地征服了愛沙尼亞 (Estonia)，加上早已奪

圖 4：亞伯沙龍大主教戰勝汶德人

取了南方的呂根島以及許多波瑪尼亞 (Pomerania) 及斯拉夫的殖
民地，使波羅的海成為丹麥的內海。但其時日耳曼人也正以呂北
克 (Lübeck) 為基地，積極擴張波羅的海之海權，以致發生了衝
突。 1223 年，威瑪二世被他所雇用的日耳曼傭兵之叛軍將領拘
禁。雖然關了三年之久，國內非但沒有因此動亂，亦無人藉機造
反，反而各地勤王，起師營救，付了贖金後把他救回，亦可見臣
民對他是如何的忠心。 然而釋放回京時， 他那疼愛的王后黛瑪
（Dagmar of Bohemia, c. 1186-1212，原係波希米亞候國的公主）
及她所生王子卻已因病先逝，使這一位丹麥人民心目中的英雄傷
心欲絕。其時，政府的財政問題亦愈來愈嚴重，因為捐獻給教會

的財產，分封給王親貴族的土地，賞賜給戰時有功的部將和家臣的世襲采邑等，都是納租給領主而不必繳稅給政府；加上經濟發展的結果，產生了很多新興的大地主，使大部分的農民都變成了生活困苦的佃農。他必須改革稅制，擴大稅基以充裕政府的財源，由於他的威望，更由於他肯以身作則，先把納貢給國王的賦稅，改為政府的稅收，使教會、貴族與地主都勉為其難地幫忙政府；但等到他逝世以後，彼此的矛盾與衝突就無法避免。被封為「勝利之王」的威瑪二世在 1241 年駕崩以前，還做了一件名垂青史的大事，即簽署頒行第一部用丹麥文所寫的《日德蘭法典》(*Jyske Lov*)。這部法典早在其兄克諾德六世年間草擬完成，但係用魯尼古文寫成，通行於璽蘭島及斯堪尼亞，現在修訂後用丹麥文表達。前言中明白指出：「法律是由向上帝負責的國王經人民同意後制定，它是社會的基礎，它要維護和平（秩序）及保護弱者，故必須清楚地讓每一個人都能瞭解。」在中古時代就能有如此進步的觀念，無法不使人欽佩。這部法典後來順利地施行於全國，其形式與內容且為 1683 年的新法典所繼承。

如同一位修士所預言的，威瑪二世之死，猶如獅子沒有了頭，丹麥王室陷於互相殘殺而開始衰微。繼娶的王后所生的三位王子，老大艾力克（Erik, 1241–1250 在位）二十五歲接位後立即與他的兄弟薛來斯威大公亞伯（Abel, 1250–1252 在位），兵戎相見，並與羅士基樞機主教發生激烈衝突。被弒後屍沉海灣。老二亞伯照樣為了徵稅的問題，被抗糧的群眾所殺，在位僅兩年。老三基士多夫（Christoffer, 1252–1259 在位）更因此遭遇各省諸侯及隆德

樞機主教雅各伯 (Jakob Erlandsen, c. 1220–1274) 的聯合反對，在
力陴主教堂 (Cathedral of Ribe) 望彌撒時被毒斃。接著艾力克五世
（Erik V, Klipping, 1259–1286 在位）、 六世 （Erik VI, Menved,
1286–1319 在位） 及基士多夫二世 （Christoffer II, 1320–1326,
1329–1332 在位） 相繼登基，都是戰亂連年，民生凋弊，教會及
各省諸侯紛紛割地自據，王權衰微得已不被教廷承認。1282 年所
簽訂的丹麥第一部憲章，是要國王俯首聽命於教士及貴族所組成
的國會。1332 到 1340 年間則更連國王都缺位了八年，真正變成
了一個獅子沒有頭的無政府狀態。四分五裂，國將不國，丹麥王
國能否繼續生存下去，變成了真正的問題。

第三節　斯堪地納維亞聯邦

　　正當軍閥混戰，民不聊生的 1340 年，在日耳曼受教育的基士
多夫二世的幼子受召回丹繼承王位 ， 是為威瑪四世 （Valdemar
IV, New Day, 1340–1375 在位）。他力圖振作，希望帶領全國民眾
重新過好日子 。 首先改善與日耳曼 「漢撒同盟」 的關係 。 Die
Hanse，德文原義是合作社或軍隊。係指十二至十五世紀期間，控
制歐洲海上貿易的日耳曼商業城市聯邦。以波羅的海南岸的呂北
克為中心，西起萊茵河邊的科隆 (Köln)，東達俄羅斯境內的諾弗
哥羅 (Nowgorod)，加盟者七十餘城市，他們聯合起來，自組海軍
保障航道安全，合辦外交，爭取海外特權的自治城市聯盟。由於
漢撒同盟關係的改善，不僅停止勞民傷財的海戰，而且可進一步

利用漢撒同盟的力量，迫使境內諸侯尊崇王室並與鄰近各國恢復邦交。身高健美的威瑪四世充分發揮了他的政治長才，逐步統一全國，凝聚民心。1350 年，從一艘海上漂來的英國船（船上人全部病死，沒有一個活口）開始，黑死病廣為傳染，死亡者達全國人口的三分之一；但較諸瑞典與挪威均損失全國人口三分之二而言，丹王仍算是應付有方、處置得宜。而其於 1370 年毅然決然地與漢撒同盟簽訂〈斯特勞崧和約〉(*Treaty of Stralsund*) 終止了波羅的海的糾爭，使丹麥得以重新在和平的環境中邁向富強康莊的大道。雖然必須因之放棄斯堪尼亞要塞的管理權及漁獲稅的二分之一亦在所不惜；其遠見與魄力更令人欽佩。但他雖已搭好了舞臺，卻未及開演便於 1375 年英年早逝，享壽僅五十五歲。丹麥王國最輝煌的一頁歷史，只能讓他的愛女來完成了。

　　威瑪四世並無子嗣，故參政院選立其年僅五歲的外孫烏洛夫（Oluf III, Håkonsson, 1375–1387 在位）繼承王位；並由其幼女，亦即新王的生母瑪格麗特（Margrete I, De Jure, 1375–1412 在位）為攝政。瑪格麗特的丈夫是挪威國王哈康六世 （Håkon VI, Magnusson, 1343–1380 在位），他始終留守挪威，從不過問丹麥政事，僅於 1380 年逝世時，把王位傳給了烏洛夫，使丹、挪兩國得以結合成聯合王國直至 1814 年。領土範圍亦因此增加了奧克內(Orkney)、昔得蘭 (Shetland)、法羅群島 (Faroe Islands)、冰島(Iceland) 和格陵蘭 (Greenland)；雖然北大西洋區域的氣候，已不像維金時代的溫和而適合人居，但其歸附，究仍襯托出丹麥在維金人統治地區領導群倫的地位，而大大提昇了瑪格麗特的聲望。

比起父王，她更懂得運用外交以達成國家目標，以談判來解決各
種爭端，尤其善於掌握時機，迅速反應，以達成幾乎難於達成的
成果。例如在 1386 年利用松德海峽 (Oresund) 海盜出沒妨礙貿
易，漢撒同盟又不願立即動用大軍時，她立即答允負起警察任務，
保證航道的安全而收回了東岸要塞的管理權。又如瑞典參政院表
示有意選立烏洛夫為瑞典國王，烏洛夫卻突然於 1387 年暴斃時；
瑪格麗特當機立斷，立即將她自己姐姐的孫子，六歲大的日耳曼
波瑪侯國 (Pomerania) 的王子過繼給烏洛夫為子，這就是艾力克七
世（Erik VII of Pomerania, 1412–1439 在位）。如此一來，使瑞典
參政院來不及作其他考慮而仍然選舉艾力克兼任瑞典國王。當然，
瑪格麗特一世的治國有道，更重要的是她能知人善任。羅士基的
樞機主教羅德海 (Lodehat, ?–1416) 擔任首相，建立了有效率的政
府團隊，逐步將教會、貴族及地主的特權收歸國王，使法律得以

圖 5：瑪格麗特　　　　　　圖 6：艾力克七世

通行全國，使稅金得以充實國庫，更把已經停止了六十年的鑄錢工作重新恢復。並且嚴格禁止各地貴族再自建要塞、分土割據。除了薛來斯威以外，丹麥全境已經復歸和平統一，百姓可以安居樂業，經濟亦開始欣欣向榮。當 1397 年艾力克年滿十四歲，接受堅信禮 (Confirmation) 後，可以正式登基為王時，瑪格麗特在瑞典的卡爾瑪市 (Kalmar) 為他舉行盛大的三國共主加冕典禮，並乘各國王公、貴族、大臣、政要聚集一堂的機會，宣布成立「斯堪地納維亞聯邦」，統一了北歐。因其係在卡爾瑪市成立的，所以丹麥史家也稱此次結盟為「卡爾瑪同盟」。開始時由於艾力克身兼三國國王，屬於憲法學上所謂的「人合國」，是「邦聯」的一種，但因為攝政王瑪格麗特勤政愛民、雄才大略，對內領導維金人過「好日子」，對外又開疆闢土，奮勇奪回被異族侵占的南部領域，使維金人士氣如虹，逐漸演變成「聯邦」，但要達成建立統一的帝國之目標，則尚有相當距離。為了徹底解決南日德蘭的問題，藉著日耳曼霍爾斯坦 (Holstein) 大公逝世的機會，丹麥決定出兵一決雌雄。1412 年由國王艾力克七世親率大軍攻入薛來斯威，瑪格麗特亦至前線督師，因深入疫區而染疾陣亡於戰船，享年五十九歲。她鞠躬盡瘁地畢生為丹麥的富強打拼，而終於開創了北歐的盛世。不僅她的豐功偉業永受後世尊崇，而且她愛民如子的仁德，更被丹人稱頌。例如迄今仍流傳著，瑪格麗特女王在世之時，嚴禁貴族畋獵於郊外，以防馬蹄踐踏農民的牧草，故她自己也只有在城區蹓馬等可見一斑。雖然她從未正式登基為王，但她卻始終被尊崇為女王，正式列入〈丹麥王位繼承法〉(Tronfølgeloven)。丹麥

芭蕾舞也不斷演出她的事蹟以資紀念。

　　艾力克七世在薛來斯威戰勝凱旋時，卻宣布放棄在當地的采邑，換取與日耳曼人間的和平，使自己無後顧之憂，而得以集中力量經營松德海峽。足見他的遠見和智慧，也可見他在母后治下是何等的自制。1417 年遷都哥本哈根，並在其北部海峽頂端的海星庵 (Helsingør) 興建要塞配置石砲，與對岸的海星堡 (Helsingborg) 共同控制海峽。南端的朗柯納 (Landskrona) 與對岸馬爾摩 (Malmø) 也同樣的建立要塞，使通過松德海峽的船隻，必須繳納每艘一個銀幣的買路錢（今天美其名為航運稅）。這種做法當然引起了漢撒同盟的不滿，1425 年派艦攻擊，但被艾力克的王后裴麗帕（Philippa, 1394–1430，她是英王亨利四世的女兒）率軍擊退，保持了丹麥在松德海峽的主權和其在波羅的海的地位。然而，軍費支出提高了稅率，不僅引起了瑞典和挪威兩國參政院的抗議，也爆發了日德蘭半島的農民暴動。1440 年艾力克的侄兒繼承為王，即是基士多夫三世（Christoffer III of Bavaria, 1440–1448 在位），在位僅九年，斯堪地納維亞聯邦的局面益形惡化，歐洲大陸傳進來的封建制度之弊害也愈來愈重。各地區的主教幾乎均由貴族出任；天主堂內莊嚴美麗，飾有名貴的壁畫，藝術獲得資助發展，但土地兼併的結果，所有權人可以坐享其成，穿巴黎的時裝，戴義大利的首飾，生活奢侈，玩物喪志；而在土地上勞動的則都是佃農，終歲勤勞尚不得溫飽，遇到荒年及戰爭只好鋌而走險，群起暴動。丹麥社會的沉淪，何其令人悲痛！

第四節　奧登堡王室入主丹麥

基士多夫三世崩逝時，不僅沒有子嗣，而且其遺孀還欠了大筆債務。丹麥參政院之所以決定選立位在北德的奧登堡大公 (Count of Oldenburg) 基士揚一世 （Christian I, 1448–1481 在位）為國王，不僅是由於他也是霍爾斯坦大公的繼承人，可以順理成章地光復薛來斯威故土；而且亦是由於他答允跟先王遺孀桃樂蒂王后 (Dorothea of Brandenburg, c. 1430–1495) 結婚。他登基後順利地又兼任挪威國王，但是瑞典參政院卻分成統、獨兩派，紛爭不已。1460 年，他叔父故世，丹王兼任霍爾斯坦大公並宣布與薛來斯威合併。同年與英國海戰的結果，是把女兒嫁給蘇格蘭王詹姆士三世 （James III of Scotland, 1460–1488 在位），並且以奧克內和昔得蘭兩大島為陪嫁。基士揚一世喜歡擺場，愛好虛榮，以致支出浩繁，且財政處理也不按常規。他設置大象騎士勳章，隆重地頒賞。他在 1468 年召開了「國是會議」(States-General)，讓市民與農民的代表與貴族及教士共聚一堂，在卡隆堡討

圖 7：基士揚一世和桃樂蒂王后

論國家大事，當時他允諾可晉升平民為貴族，只要他們肯捐出大筆金錢（類似中國清朝的納貢與捐官），因為國王需錢孔急，揮霍成性的王后所欠的債務更多。但他也為丹麥留下了最大的功德——在 1479 年創辦了哥本哈根大學。奧登堡王朝在丹麥也傳了十六世，直至 1863 年，歷經五個世紀。

繼任者漢斯王（Hans, 1481–1513 在位）生性節儉，與他父親不同，全國走透透時所坐馬車也樸實無華，沒有刻意裝飾。他為人嚴肅，不苟言笑，使人不易測度他內心所想的。王后克麗斯汀 (Christine of Saxony, 1461–1521) 熱心宗教和文化活動，她獎助日耳曼畫家貝格 (Claus Berg, 1475–1535) 在芬島 (Funen) 主教堂所作壁畫，被推崇為當時最傑出的藝術作品。引進印刷術後第一本書（拉丁文）也是 1482 年在芬島的首府歐恩寨完成的（第一本丹麥文的書〈丹麥王位繼承法〉則要遲至 1495 年在哥本哈根印成）。漢斯王雖力圖振作，卻遭遇很多困難。參政院中有人因他任命平民出身的主教而杯葛；被封為薛來斯威大公的弟弟因受制於日耳曼而不滿；瑞典的參政院更為了要求脫離丹麥而獨立，正在起鬨。漢斯王決意用武力來解決一切問題。首先慫恿與其結盟的莫斯科大公伊凡三世（Ivan III, 1462–1505 在位）侵襲瑞典的屬地芬蘭，接著運用日耳曼傭兵及自己的裝甲騎兵攻入瑞典，1497 年在斯德哥爾摩加冕為瑞典國王。表面上的勝利卻埋下了更深的禍源。當漢斯王於 1500 年冬天出兵幫助他弟弟費特力大公 (Duke Frederik)，強行併吞狄馬西自治共和國 (Ditmarsh，農業小國，位在霍爾斯坦的西方) 時，卻因敵軍開放水閘而將他的千餘裝甲騎

兵悉數溺斃於沼澤中。西線大敗的結果，又引起了瑞典的反抗，而且動亂愈益蔓延。漢斯王乃於 1513 年齎志以終。

太子基士揚二世（Christian II, 1513–1523 在位）繼位。雖然從小頑皮，但成年後出任哥本哈根市長，治績還算不錯。進軍瑞典時嚴禁士兵侵犯農舍而贏得美名。1506 年奉派駐守挪威時，愛上了一個名叫狄薇姬（Dyveke Sigbrittsdatter, c. 1490–1517，綽號小白鴿）的年輕女孩，其母齊白莉 (Sigbrit Villoms, ?–c. 1532) 為荷蘭商人，也成為他的財政顧問。故當他 1515 年向哈布斯堡王室的伊麗莎白公主求婚時，對方的條件是剃掉鬍鬚並且與情婦斷絕關係，他滿口答允，但婚後卻一項都未履行。三年後小白鴿中毒暴斃，他仍與其母往來密切，真是不脫「太保」本色。由於瑞典貴族要求獨立的呼聲愈來愈高，1520 年，甚至把主張繼續留在聯邦內的統派領袖，烏伯薩拉大主教拘押起來；基士揚二世立即以護教為藉口，率軍進入瑞典，將倡議獨立的八十名貴族和兩名主教押至大廣場斬首示眾，並且做出了「血洗斯德哥爾摩」的蠢事，因之激起了風起雲湧的反抗戰爭，促成了瑞典的獨立，亦使他自己贏得了「暴君」的惡名。事變中殉難的獨立

圖 8：基士揚二世和狄薇姬

軍司令史都 (Sten Sture, 1493–1520) 的親戚,年僅二十五歲的古斯塔夫（Gustav Vasa, 1523–1560 在位）於 1523 年被擁立為瑞典國王；終結了瑞典與丹麥的聯合,亦使維持了一百二十六年的斯堪地納維亞聯邦正式解體。戰敗後,基士揚二世曾偕王后至荷蘭向他的內兄求援,期能再雇傭兵,東山再起,但因剛接任神聖羅馬帝國皇帝不久的卡爾五世（Karl V, 1519–1558 在位）正困於宗教改革的紛爭,而愛莫能助,再加上丹麥國內貴族們的抗議,他只能遜位給他的叔父——薛來斯威大公,亦即是費特力一世（Frederik I, 1523–1533 在位）。他即位後仍住在薛來斯威的高德伯宮 (Gottop),讓丹麥的參政院去處理朝政;並且雖然簽署了維護羅馬天主公教會的登基憲章,但其長子基士揚卻親自參與了馬丁‧路德 (Martin Luther, 1483–1546) 在沃姆斯 (Worms) 的請願,而成為基督新教的信徒。也即為此,當 1533 年費特力一世逝世時,參政院不肯選舉他繼位,但日德蘭的新教徒及大多數的農民領袖們卻堅定地擁護他,次年 7 月 4 日登基為丹王,是為基士揚三世（Christian III, 1534–1559 在位）。位在哥本哈根,擁護天主教的參政院立即指派海軍司令克萊猛 (Skipper Clement, c. 1484–1536) 率艦逕赴日德蘭半島的北角歐爾堡 (Aalborg) 登陸強攻,並且釋放被囚禁於芮納堡 (Sønderborg) 的基士揚二世以為號召。但擁護基士揚三世的民軍卻在郎超將軍 (General Rantzau, 1492–1565) 率領下,獲得漢撒同盟的支持而苦戰近三年,先後肅清日德蘭及芬島的敵軍後,又獲瑞典軍隊攻占斯堪尼亞相助,光復了璽蘭島而重新統一了全國。

Denmark

第 II 篇

丹麥的再生與發展

第三章 | *Chapter 3*

宗教改革與北歐的重生

第一節　馬丁‧路德與九十五條提綱

　　自從君士坦丁大帝（Constantine the Great, 306–337 在位）於
313 年頒布〈米蘭詔書〉（*Edict of Milan*）停止對基督教的迫害，且
他本人及其繼承者狄奧多修大帝　（Theodosius the Great, 379–395
在位）先後公開皈依基督教，而把基督教變成羅馬帝國的國教以
來，宗教與政治的結合愈來愈深。經數百年的演變，以羅馬教廷
為中心的天主公教會權勢愈來愈大，財富愈積愈多，且由於王公
貴族競逐教職和任用親信的結果，不僅教會完全世俗化猶如被擄
於巴比倫；而且教職人員，尤其是教皇與主教生活奢侈腐化，好
像騎在七頭十角獸上的大淫婦。十一世紀時，教皇哥理高七世與
羅馬帝國皇帝亨利四世（Henry IV, 1084–1105 在位）開始了教廷
與王侯間生死存亡的鬥爭。十三世紀時則已經發生了教廷與英、
法兩國政府搶奪教產的激烈爭議。問題日益嚴重，到了十六世紀

時，教皇里奧十世（Leo X, 1513–1521 在位）為追求享樂，以興建聖彼得大教堂為名，進一步搜刮民財，居然不顧《聖經》真理而販賣「赦罪券」來倡導迷信，引發了宗教改革。

出生於日耳曼薩克森邦 (Saxony) 的馬丁‧路德首先提出質疑，於 1517 年諸聖節前夕（10 月 31 日），在威登堡大教堂門上張貼〈關於赦罪券效能的辯論〉一文，列舉九十五條提綱，要求愛護真理之人士以口頭或通訊提出意見來討論，俾能闡明真理。此舉原係依照當時大學辯論風氣的研究行為，並無反抗羅馬教皇的意思；但此文一出，洛陽紙貴，遠近傳誦，赦罪券的銷售大受打擊，教皇為之震怒，令路德接受帝國議會審問 (1518) 及與神學家艾克 (Johann Eck, 1486–1543) 公開辯論。路德雖僅係威登堡大學年輕的神學講師，原在艾爾福大學攻讀法律，1505 年的一個大雷雨的晚上蒙主救恩，而改入修道院苦修，讀神學並考取博士學位後教授《聖經》。他不僅有廣博的神學知識，而且亦經歷過屬靈的危機，履行過各種攻克己身的修行，終於領悟到「義人必本於信得生並活著」（〈羅馬書〉一章十七節）；靠基督在十字架上的救贖而白白稱義，並不是靠自己的努力或功德，更不能用金錢來購買贖罪。由於此種本於靈裡的啟示而有之理智上的確信，使他面對政治和宗教的壓迫毫不畏懼、威武不屈。經過這兩場大辯論，使他覺得要進一步闡明福音真理，乃於 1520 年出版三本著作：

1. 《致德意志基督教貴族書》 (*An den Christlichen Adel deutscher Nation*)──指出教會腐化是由於教皇制度所建立的「耶利哥城牆」，即：教權高於政權，教皇有解釋《聖

經》全權及唯獨教皇有召開大公會議之權。但根據《聖經》，平信徒皆為福音的祭司，皆有解釋《聖經》之權。唯鑑於羅馬教皇的權勢與財富，改革教會之責亦有賴於王侯貴族。

2. 《教會被擄於巴比倫》(*Von der babylonischen Gefangenschaft der Kirche*)——羅馬教會是建立在聖禮制度和聖品階級上，所謂聖禮有七：聖洗、聖餐、告解、堅振、婚姻、授聖職和臨終膏油，且唯有教士才有權執行。但路德在本書中指出，只有基督自己藉有形之物賜無形之恩所設立的才是聖禮，而合乎此條件的只有聖洗（受浸）和聖餐（擘餅）兩種。每一位信徒既然都是上帝的兒女，都可以與上帝面對面，直接領沐主恩，不需要另有中介來代行聖禮。

3. 《基督徒的自由》(*Von der Freiheit eines Christen-menschen*)——書中指明人靠上帝在基督裡所賜恩典，亦即主耶穌在十字架上的救贖，才能得救，換言之，是「因信稱義」。信使人接受福音、與基督聯合。凡與基督聯合的，就與基督一同作王且同為祭司。故基督徒已從律法得了自由，亦必因信基督而有行善的自由。「凡犯罪的，就是罪的奴僕。……神的兒子若叫你們自由，你們就真自由了。」（〈約翰福音〉八章三十四至三十五節）所以基督徒乃是不做罪惡奴僕的自由人。

1520 年 6 月 15 日教皇頒布諭令，以破門出教威脅，要路德在六十天內收回「邪說」，但路德卻為真理把教皇諭令在群眾歡呼

聲中放火燒了。次年 4 月在沃姆斯帝國議會受審時，他更面對著神聖羅馬帝國皇帝及阿靈德樞機主教昂然回答說：「我的良心是為上帝的話所約束。除非有人能夠根據《聖經》而用理智的明晰論據來說服我，我不願，亦不能取消我的申言。願上帝幫助我，阿門！」皇帝卡爾五世當即詔令「剝奪公權」，使路德從此不受帝國法律保護。幸賴薩克森選侯腓特烈三世 (Friedrich III, 1463–1525) 派出衛隊護送他到瓦德堡 (Wartburg)。在那裡，路德把《新約聖經》譯成德文。自此以後，改革宗教、恢復真理的水流，不斷洶湧往前，迅速遍及北德意志、丹麥及斯堪地納維亞等地區，再傳播於瑞士和英、法，而開創了一個新的時代。當然，宗教改革的發生與成功，除了教義的爭辯外，仍有其文化、經濟與政治的因素。新興民族國家亟須爭奪教會的財產，分享教皇的權勢，亦是主因。1447 年，古騰堡 (Johannes Gutenberg, 1400–1468) 發明活版印刷，不僅使路德的著作於三年內銷出五十萬本，而且使恢復的《聖經》和福音的真理得以迅速地廣傳於世界各地。

第二節　丹麥信義會與文藝復興

路德改教的水流，迅速地抵達丹麥。早在 1520 年，教士道生 (Hans Tavsen, 1494–1561) 赴威登堡訪問歸來，便宣揚「因信稱義，以《聖經》為權威，每一基督徒都可直接與上帝相通」的道理。並且他跟路德一樣，為反對禁慾主義和修道思想而結婚，亦鼓勵會眾用自己的方言（丹麥文）來唱詩歌。由於基士揚三世在

做太子的時候，曾參加 1521 年的沃姆斯帝國議會而同情路德的改教理想，故道生得能在王室保護之下，先在太子的采邑維堡 (Viborg) 及日德蘭半島地區傳福音，繼當基士揚三世於 1534 年正式登基以後，再到哥本哈根推動全國教會的改革。更有意思的是，當基士揚二世在瑞典戰敗而避難於荷蘭時，亦邀請史學家彼德生 (Christiern Pedersen, 1480–1554) 把《聖經》翻譯成丹麥文，逐篇印刷並偷運回國去散發。這部丹麥文的《聖經》直到 1543 年才全部譯完，於 1550 年正式出版，不僅為以後各種譯本的典範，而且影響丹麥文學的發展頗為深遠。

　　基士揚三世登基之初，雖獲得軍隊尤其是一萬二千名傭兵和騎士的擁護與響應改革的教士之贊同，然各地諸侯仍擁權自立，全國分崩離析，財經情況尤其困難，乞討為生者幾占全部人口的 15%。連年戰亂的結果，不僅使民生凋弊，更造成了社會的貧富不均。農民們為了躲避戰禍而投靠擁有堡壘及自衛武力的莊園主，自耕農只剩下 7%，而天主教會卻擁有全國土地的三分之一；非有徹底的改革，實無法改善國計民生。故基士揚三世於率軍進入哥本哈根後，一方面逮捕天主教的主教們，譴責他們阻擾 1533 年的國王選舉，另一方面宣告大赦天下，招撫各地流民歸鄉

圖 9：基士揚三世

耕作；並於 1536 年再行召開國是會議，但由貴族、市民和農民的
代表共同參加，而沒有教士代表。會中決定接受路德改教理想，
以國王為教會領袖，教士成為國家的公務員，教會的財產亦被充
作國用。不再設置樞機主教，但事實上以璽蘭島的總主教來領導
群倫，而原來天主公教會的教士也紛紛改宗，繼續執行牧靈的工
作。這就是丹麥信義會的由來。翌年，威登堡大學教授——著名
神學家布根漢 (Johannes Bugenhagen, 1485–1558) 應丹王之邀來
哥本哈根宣揚教義及協助教會之改組。

　　基士揚三世在威登堡學成歸國的年輕貴族法理士 (Johan
Friis, 1494–1570) 相輔下，勤儉治國，與民休息，終能逐漸還清國
債，平衡政府財政，但其長子費特力二世（Frederik II, 1559–1588
在位）嗣位後，卻愛好畋獵遊樂，縱情飲宴而敗壞了朝政，並且
還好大喜功地在日德蘭半島上再度用兵狄馬西，血腥地併吞了這
個小國。接著又為了松德海峽的航運稅問題和荷蘭發生爭執，為
波羅的海哥德蘭島 (Gotland) 的歸屬問題更與瑞典爆發了劇烈的
衝突。不顧老臣法理士的反對，費特力二世決計向瑞典宣戰；而
素以暴躁著名的瑞典新王艾力克十四世（Erik XIV, 1560–1568 在
位），亦在一群年輕衝動的新貴慫恿下立即反擊，這兩個兄弟之邦
自 1563 年開始血戰了七年，把瑞典、挪威和丹麥邊界的肥沃良田
變成了赤土千里。戰費的高額開支，政府財政又瀕臨破產的危機，
丹麥參政會迫不得已，毅然地於 1566 年徵召費特力二世的政敵屋
克薩 (Peder Oxe, 1520–1575) 擔任首相，總理國政。他以擅長處理
財經問題著名於當世，接事後確也不負眾望地改善了財政；他迅

速地抓住荷蘭向西班牙爭取獨立的機會，而把松德海峽航運稅提高了 50%，得以勉強支付對瑞典作戰的費用。又利用國際調停來結束戰爭，在 1570 年簽訂和約，保住了對哥德蘭島的主權。更利用歐洲經濟繁榮的機會，復甦了丹麥的經濟。因著新大陸的發現，丹麥人更發揮其航海長才於和平的貿易用途，維金商船從北海、波羅的海，經大西洋而擴及新大陸。他們已經常常從南美洲把白銀運回本國，民生得以改善，不僅大地主和貴族們開始營建華屋，費特力二世更可以逍遙地到郊外去興建費特力宮——到今天仍然是北歐最美麗的王宮。當西班牙的軍隊復行占領荷蘭，迫令民眾改宗天主教時，很多安特衛普 (Antwep) 地區的新教徒逃難到丹麥，其中有不少傑出的手工業師父，他們把一百五十年前艾力克

圖 10：費特力宮

七世王所建海星庵堡壘重新改建成文藝復興風格的美輪美奐的王宮，猶如松德海峽上的王冠，故被定名為：「克隆堡」(Kronborg)。1585 年舉行落成典禮時還邀請英國的劇團來此演出，據說，莎士比亞也隨行。當時費特力二世與英國伊莉莎白女皇 （Elizabeth I, 1558–1603 在位） 間的關係非常良好，兩國間的爭議都能和平地解決，英國承認挪威與格陵蘭之間的水域為丹麥的領海，但丹麥對於英籍船隻亦特別優惠地只課徵象徵性的航運稅，費特力二世亦因此獲頒英國的嘉德勳章 (Order of the Garter)。

　　在這和平繁榮的時期，不僅有神學家海明生 (Niels Hemmingsen, 1513–1600) 駁斥當時流行的女巫迷信，提倡開明、自由而寬容的宗教理論，寫下了數百首廣被頌詠的詩歌。而且在自然科學方面也有天文學家布拉 (Tycho Brahe, 1546–1601) 發現了一顆新星："De nova stella"；更重要的是，基於他一生觀察天象的結果與科學研究的心得，其學生凱卜勒 (Johannes Kepler, 1570–1630) 得以提出改變世界的宇宙觀 ：「太陽才是宇宙的中心，並不是地球。」所以當基士揚四世 （Christian IV, 1588–1648 在位） 接任王位時，丹麥已經邁入嶄新的時代，有識之士都滿懷著樂觀的信仰與無窮的希望向前看。丹麥的文藝復興正在開始。懷斐德 (Arild Huitfeldt, 1546–

圖 11：天文學家布拉

圖 12：基士揚四世和安娜王后、太子基士揚

1609) 接續薩素所寫的第二部丹麥歷史，便對當時欣欣向榮的情形有豐富的紀錄與生動的描寫。基士揚四世還留下了他的日記和三千多封函牘，足以幫助我們印證他那數不清的軼聞和當時的社會文化背景。

　　基士揚四世幼時受教於樹祿的「騎士學院」，曾接受傳統的航海訓練，並曾到柏林去遊學。當他十九歲登基時，還舉行了一個空前盛大的慶賀典禮，鑲著鑽石與珍珠的王冠是照他自己的意思設計的，動用了三千匹駿馬去迎接歐洲各國來的貴賓；煙火齊放，城開不夜，幾乎喝盡了庫藏美酒，顯示出一派太平盛世的景象。接著迎娶布蘭登堡的安娜公主 (Anne Catherine of Brandenburg,

1575–1612) 為后，並把大姐安 (Ann, 1574–1619) 嫁給蘇格蘭王詹姆士六世 （James VI, 1567–1625 在位）。基士揚四世雖然為人詼諧，愛好享受，但在政治上卻頗有定見與遠慮。接位後首先注意海防問題，整頓海軍並興築防波堤來加強哥本哈根的防務。並因警覺崛起中的瑞典，已形成對丹麥的威脅，而積極應付，甚至親自馳騁一千五百英里到挪威的邊界去督促對瑞典的防務 。 1603年，他的姐夫又接任英國國王為詹姆士一世（James I, 1603–1625 在位），還遠赴英倫，尋求結援，並借鏡英國先進的軍事設施。故當瑞典東進愛沙尼亞 ， 西攻挪威北部並自行加封為 「拉普王」(King of Lapps) 時，基士揚四世立即於 1611 年要求參政會同意向瑞典宣戰，力戰至 1613 年，乘勝攻占卡爾瑪堡，戰爭才告結束，瑞典只能承認丹麥對拉普蘭的主權，並賠償戰費。史家稱這一次的戰爭為「卡爾瑪戰爭」(1611–1613)。

十七世紀的上半期，在荷蘭建築師的協助下，丹麥各地興建了不少巴洛克式的宮殿、城堡和教堂，基士揚四世最喜歡的是「玫瑰宮」(Rosenborg)（今天為收藏王室珍寶的地方），很多貴族的官邸和大地主的莊院也上行下效地營建華室，形成了北歐的文藝復興式建築。玫瑰宮不僅是城堡加上圓形塔臺，可以登高瞭望，並且配合了許多工藝上的新發明，牆上裝置通話用的管線，用鑰匙開關的吊橋等；後花園中更試種從亞洲與新大陸運來的種苗，成為實驗農場；1611 年起收藏了四十五幅荷蘭與北德的油畫，被譽為歐洲最古老的畫廊。由於經濟繁榮，生活富庶的結果，連鄉村中農民的住家也都裝有煙囪，飾有彩色玻璃。基士揚四世的日記

中還記著說，他出巡時可以借宿農家，只要不是薰魚用的廠房，因為腥臭使人無法安睡。

　　為了工商業的發展，基士揚四世亦採取許多獎勵的措施，例如 1610 年派遣挪威的船長孟克 (Jens Munk, 1579–1628) 經由俄羅斯北方的海域通往印度的航道，1618 年成立公司，由年輕貴族基達 (Ove Giedde, 1594–1660) 到印度去建立貿易據點。1619 年，當基達尚在繞道非洲時，孟克終於在印度的霍生灣 (Hudson Bay) 登陸，雖有航道可通，但大船已在風雪中沉沒，出發時六十五人中只有三人活著回來。由於地理位置偏北，使其無助於貿易的競爭，但維金人艱苦卓絕地找尋新航路的傳統又再度獲得證明。被譽為重商主義國王的基士揚還曾於 1613 年下令禁止基爾特

圖 13：玫瑰宮

(Gilds) 限制手工業師父名額的措施，1618 年則創設了全世界最古老的「交易所」(Bourse)。這座由四根龍柱撐起來的建築物，迄今仍是基士揚港美麗的地標。1624 年創辦了郵局，跟漢堡與奧斯陸之間，每週均有郵件和包裹的往返。除此之外，他還鼓勵各地建設都市，發展工商事業及文化活動，日德蘭的幸福市 (Glückstadt)、挪威的貝爾根 (Bergen) 及奧斯陸（Olso，當時名為 Kristiania）等城市均在此時期成立與繁榮起來。

基士揚四世亦注意到社會福利的問題，曾獎勵養老與濟貧的措施，且為海員及勞工興建了六百戶的住宅，名為新苑 (Nyboder)，替大學生蓋了一座教堂，並附有一座觀察星象的天文臺，位在高聳的圓塔之上，俾其不受城市中污濁空氣的妨礙。

當然，1419 年已由教皇馬丁五世（Pope Martin V, 1417–1431 在位）令准籌設，1479 年正式開學上課的哥本哈根大學，對於人文主義教育的提倡與北歐文藝復興的推動更有其不可磨滅的貢獻。在宗教改革以前海格生教授 (Poul Helgesen, c. 1485–c. 1534) 便違抗王命翻譯了伊拉斯謨斯 (Erasmus, 1466–1536) 的《基督徒君侯的準則》(*The Instruction of a Christian Prince*, 1516)，來替代基士揚二世要看的馬基維利 (Machiavelli, 1469–1527) 的《君侯論》(*The Prince*, 1532)。宗教改革期間克理士多默 (Oluf Chrysostomus, 1500–1553) 不顧校長的壓制而依據路德的教義改造了神學教育。布根漢應邀來丹宣教時更為大學草擬了新的章程（1539 年經參政會通過），並爭取到主教公署作為新的校舍。當時，道生教希伯來文，包爾生 (P. Poulsen, 1567–1572) 教希臘文，

辛甯 (J. Sinning, ?–?) 教理則學，潘服士 (P. Parvus, 1500–1559) 講教育學等，群賢畢集，選出莫興 (Christian T. Morsing, c. 1485–1560) 為新校長，並開始分為神、哲、法、醫四科來教學。潘拉悌士 (Peder Palladius, 1503–1560) 教授則兼任璽蘭島的主教，負起了監督全國各地教會改革的重任。所以不僅是文藝復興，而且包括基士揚三世所推動的宗教改革，事實上都是以哥本哈根大學為中心的。

第三節　三十年戰爭與〈威斯特發里亞和約〉

通常認為三十年戰爭 (The Thirty Years' War, 1618–1648) 是一場宗教戰爭，是羅馬公教與基督新教間的戰爭，但事實上，僅戰爭的爆發確係由於改革與反改革之教義爭議，而其後的發展則完全由於政治的仇恨、經濟的貪婪、領土的野心和國際利益的衝突。1555 年所訂〈奧古斯堡和約〉(*Peace of Augsburg*) 規定：諸侯決定其臣民的宗教信仰。1608 年，巴拉提納選侯 (The Palatinate) 聯合神聖羅馬帝國範圍內信奉新教的諸侯和城市組成「新教同盟」(Protestant Union)，並爭取英國、荷蘭和法國的支持。翌年，巴伐利亞大公也聯合信奉天主的各邦組成「公教同盟」(Catholic Union)，使對立的形勢更為尖銳。1618 年，波希米亞（為有資格選舉皇帝的侯國之一）宣布罷黜信奉天主，屬於哈布斯堡王室的裴迪南 (Ferdinand of Styria) 之王位，而改選信奉新教的巴拉提納選侯腓特烈 (Frederick V of the Palatinate, 1619–1620

在位）為其王，但裴迪南卻於翌年繼位為神聖羅馬帝國的皇帝
（Ferdinand II, 1619–1637 在位），便聯合西班牙王、巴伐利亞大
公及參加公教同盟的國家，攻打波希米亞；腓特烈五世逃亡荷蘭，
其土地被充公，新教同盟被解散，波希米亞的選侯資格被巴伐利
亞所取代；不僅帝國境內的新教勢力大為削弱，而且相鄰的新教
國家如丹麥、瑞典及荷蘭等亦大感威脅。

　　1625 年，基士揚四世在英、荷、法等國的支持下，出任新教
同盟聯軍的統帥，力圖反攻。但恰逢英王詹姆士與荷王莫理士
（Maurice, 1585–1625 在位）於同年崩逝，失掉了外援；而國內
參政會又反對他與神聖羅馬帝國作戰，平添了內憂。基士揚四世
只能以所兼霍爾斯坦大公的身分，率領兩萬騎士投入戰役，致被
敵營大將華崙斯坦 (Albrecht von Wallenstein, 1583–1634) 迅速擊
潰，被迫與皇帝在 1629 年談和，從此不准過問帝國事務。

　　相反的，瑞典國王古斯塔夫·阿道爾夫（Gustavus
Aldolphus, 1611–1632 在位）於次年 (1630) 在法國和荷蘭財政支
持下繼起抗戰時，卻有了不同的傑出表現。他率軍英勇地跨海進
入歐洲大陸，一路戰勝，勢如破竹地直逼多瑙河流域的波希米亞。
1632 年占領慕尼黑，南進至呂城 (Lützen) 而與華崙斯坦發生激烈
戰鬥；再獲大捷。這位「北方之獅」也因此被新教同盟譽為「護
教英雄」。然瑞典王卻亦不幸在此役中壯烈犧牲；華崙斯坦則於翌
年被其國人謀殺，薩克森選侯乃於 1635 年出面與皇帝訂立〈布拉
格和約〉，期能停止戰爭。孰知信奉天主教的法國卻立即跳出來支
持新教同盟，繼續與護衛天主教的神聖羅馬帝國皇帝作戰。由於

法國的親自出兵，瑞典亦於 1635 年再度整軍反攻，荷蘭則襲擊尼德蘭（當時為西班牙屬地，今為比利時），薩伏衣攻打義大利，葡萄牙叛離西班牙。戰火重燃，直到 1643 年，法軍才擊潰稱雄歐洲達百年的西班牙步兵。法國亦終於突破哈布斯堡王室的包圍而得以開始稱霸歐洲。

　　1648 年，神聖羅馬帝國皇帝裴迪南三世（Ferdinand III, 1637–1657 在位）與法王路易十四（Louis XIV, 1643–1715 在位）在明斯德 (Münster)，與瑞典女王克麗絲緹娜（Christine, 1632–1654 在位）在歐斯那博魯克 (Osnabrück) 分別簽訂和約，各國君侯簽字副署，規範了歐洲國際關係的新秩序。其內容，政治方面主為：

1. 領土重新劃分：瑞典取得前波瑪 (Vorpommern) 和呂根島，加上布萊梅 (Bremen) 和費爾頓 (Verden) 兩個主教區，使波羅的海變成了瑞典的內海，取代了丹麥在這個地區的優勢。法國取得亞爾薩斯 (Elsass) 及三個主教管區 (Toul, Verdun, Metz)，並有權管制萊茵河的右岸而成為歐洲的「超級大國」。

2. 神聖羅馬帝國的解體：帝國所轄三百多邦皆以獨立自主國地位參加和會，此後各領邦諸侯相互間及與外國間擁有締結盟約的自主權力，但皇帝卻非經帝國議會同意，不得行使立法、徵稅、結盟、宣戰、媾和等權力。因此，這一個被稱為「帝國基本法」(Reichsgrundgesetz) 的和約，把德意志各領邦的政治自由發揮到最高點，但卻亦無異宣判了「德意志王朝神聖羅馬帝國」的死亡。

3. 承認瑞士及荷蘭的獨立。

至於在宗教方面則規定：

1. 喀爾文教派與路德教派和天主公教有平等地位，同享〈奧古斯堡和約〉的權利。

2. 新、舊教財產及土地之劃分，以 1624 年 1 月 1 日以前之情況為準。

3. 新、舊教各邦在帝國事務上權利平等。

4. 帝國最高法院 (Reichskammergericht) 之組成分子，新、舊教徒之人數應相等。

〈威斯特發里亞和約〉 (*Peace of Westphalia*, 1648) 對近代西洋歷史的發展有極大的影響，而三十年戰爭對丹麥王國的打擊尤其慘重。戰績彪炳的瑞典，不僅在和約中享盡勝利的果實，得以稱霸波羅的海；而且在戰爭末期奪獲原屬丹麥的高德蘭等海島，侵占挪威東部的高地和松德海峽西岸的斯堪尼亞，得以取代丹麥而成為北歐第一強國。三十年戰爭的確是北歐歷史的重要轉捩點，是丹麥和瑞典兩國爭霸的勝負關鍵之所在。

戰爭的破壞與軍費的開支使丹麥的財政又陷困境，王室窮得要把王冠抵押給漢堡的富商去借錢。年輕時意氣風發地推動文藝復興的國王基士揚四世，迫於時勢，無法不臨老傷感。他於 1643 年因抗禦瑞典侵略而在海戰中失去了一隻眼睛；1648 年又忍辱簽署把丹麥淪為次等國家的和約。更不幸的是，當他抑鬱以終之前，太子還早死了幾個月。經過參政會冗長的爭論以後，才通過讓他三十九歲的次子繼承王位，是為費特力三世 （Frederik III, 1648–1670 在位）。他為人機警，頗有政治手腕，娶布朗薛威克王室的

圖 14：費特力三世和蘇菲亞王后

公主蘇菲亞 (Sophie Amalie of Brunswick-Calenberg, 1628–1685) 為后，且有一群德意志的顧問為智囊。接位後迅速舉發烏番 (Corfitz Ulfeld, 1606–1664，基士揚四世的女婿) 的貪瀆而排除了參政會中的反對勢力，迫令各地諸侯復尊王室，依法納稅。在位期間頗能整理農業，促進貿易，使經濟得以復甦；並得以逐步興建軍港，加強海軍。

1654 年，首都哥本哈根發生瘟疫，雖經名醫烏姆 (Ole Worm, 1588–1654) 發明新藥，領導救治而減輕了不少災情，但仍病死了八千多人，元氣大傷。同年登基的瑞典國王卡爾十世 (Karl X, 1654–1660 在位) 卻又發動了侵略波蘭的戰爭，雖被列強聯軍擊敗，但於撤退途中轉攻丹麥，利用 1658 年冬季酷寒、冰

封松德海峽的機會，於翌年元月以一萬兩千名騎兵在冰上搶渡而奇襲哥本哈根。當時城內只有六千士兵和三萬居民，被圍後缺糧缺水，危急萬分，幸賴荷蘭艦隊及時救援。2 月 11 日守軍發動反擊，經過了徹夜激烈的血戰，而擊退了攻城的瑞典軍隊。剛好其時各地勤王的丹軍亦已通過阿瑪島（Amager，位於哥本哈根的南方小島，素有丹京倉庫之稱）進軍京城，荷蘭、波蘭及布蘭登堡的聯軍則占領了日德蘭及芬島，挪威的軍隊更奮勇奪回了瑞典軍隊所侵占的領土，包括了首府杜德翰 (Trondheim)。至此地步，卡爾十世只能倉皇撤兵，並於翌年逝世。

　　強敵雖退，議和之時，荷蘭與英國為確保松德海峽的自由通航而採取「分而治之」的政策，仍把海峽東岸的土地劃給了瑞典，使丹麥喪失了全國領土三分之一，而勉得保留的土地又因戰亂而荒蕪，各地貴族和領主們又倡議抗繳稅捐。處此窘境，費特力三世卻利用 1660 年參政會在京城邀請全國領主及貴族舉行國是會議的機會，關閉城門，宣布戒嚴。這些形同被軟禁的王公貴族在重兵包圍之下，只好宣誓效忠，還政於王室，使丹麥得以師法法國，採取中央集權的政制，趕上歐洲民族國家的潮流。

第四節　丹、瑞爭霸及北方大戰

　　當瑞典成為北歐的軍事強國以後，也就無法避免與丹麥間的霸權衝突。1643–1645 年間的兩國戰爭，丹王基士揚四世戰敗，割讓挪威的吉梯 (Jamtland) 及海夷 (Harjedalen) 兩省；其繼承者費

特力三世又於 1657 年戰敗，將松德海峽東邊的斯堪尼亞平原割讓
給瑞典。經此刺激，丹麥於 1660 年起實施新政，推行中央集權，
力圖富國強兵。不僅命令各地稅捐上繳中央，並且任命「郡守」
直接管理地方行政事務。官吏也不再以本國貴族為限，君王可自
由地選賢與能；平民與教士，甚至外國人都可遴用。1670 年費特
力三世駕崩時，也立即由其二十四歲的長子繼位，不像以往要經
過參政會冗長的討論。

　　新王基士揚五世（Christian V, 1670–1699 在位）登基之初，
由老臣蕭瑪哈 （Peder Schumacher, 1635–1699，出身富商家庭）
輔國，得以制頒中央一統的皇家法典，建立層層節制的官僚系統，
整頓稅捐稽徵而充裕了國庫，建國家騎兵團替代外籍兵團而加強
了國防，獎勵海外貿易而在加勒比海占領殖民地，國威重振。為
激勵臣民為王室效忠，在傳統的以王公貴族為對象的「大象勳章」
以外，特設「國旗勳章」，分為
二十七級 ， 頒發給有功的臣僕
和對國家有貢獻的平民百姓 ，
頗收鼓舞士氣之效 ， 亦促進了
社會階層的流動。 勵精圖治的
結果 ， 丹麥已開創了小康的局
面。 蕭瑪哈也因此被封為葛理
奮大公 (Count of Griffenfeld)。

　　當時的歐洲，在〈威斯特
發里亞和約〉 簽訂後，神聖羅

圖 15：基士揚五世

馬帝國趨於崩解，同屬哈布斯堡王室的西班牙也日趨衰落，法國
則已成為歐洲最強大的國家，號稱「太陽王」的路易十四更積極
地向外擴張。繼 1667 年攻擊尼德蘭（即今之比利時）之後，又於
1672 年以優勢兵力進迫荷蘭。在上次尼德蘭戰爭中與荷蘭及英國
同盟以抗法國的瑞典，卻於此次戰爭中反過來與法國聯盟，其欲
爭取波羅的海霸權的意圖非常明顯。但其於 1672 年打荷蘭、
1674 年攻布蘭登堡均被擊敗。這項瑞典軍事失利的消息傳來以
後，丹王基士揚五世認為光復失土的時機已至，亟欲乘機攻打瑞
典。蕭瑪哈卻顧忌法國的勢力而反對用兵，且秘密與有關國家談
判，試圖用外交手段來達成國家目的。焉知蕭氏的忠諫激怒了丹
王，且聽信反對人士之讒言，謂其私通外國而下令囚禁，雖赦免
了死罪，卻仍把這位有功於國家的葛理奮大公關了二十二年。基
士揚五世遂即宣布參加抗法同盟，於 1675 年出兵斯堪尼亞，立即
遭遇頑強抵抗，戰況慘烈，兩軍形成拉鋸，損失更為重大。單以
隆德一役 (1676) 而論，殲滅瑞典軍三千人，而丹麥官兵卻犧牲了
五千人。翌年 6 月，雙方海軍對壘於松德海峽，約定圍攻瑞典的
荷蘭艦隊被逆風所阻，無法按時抵達。情況危急之際，幸賴年輕
軍官越爾 (Niels Juel, 1629–1697) 機智地利用風勢，發動火攻，幾
乎燒光了敵艦，打贏了一場漂亮的勝仗；但 1678 年法、荷停戰
後，丹麥仍迫於法王路易十四的壓力，退出斯堪尼亞，一如老臣
蕭瑪哈事先所預測的。〈尼微根和約〉 (*Treaties of Nijmegen*) 簽訂
後，基士揚五世還把他的妹妹嫁給瑞典國王卡爾十一世 （Karl
XI, 1672–1697 在位），真是賠了夫人又折兵。

　　由於戰費的負擔，必須加重稅收，並於 1683 年制頒新的法典以替代十三世紀開始施行的《威瑪大王法典》。與當時各歐洲國家的嚴刑峻法相比較，丹麥的法律較為人道，丹麥的專制較為開明，尤其在宗教方面更較為寬容。王后夏綠蒂（Charlotte Amalie, 1650–1714，系出日耳曼的漢森邦）設立了喀爾文宗派的教堂，而猶太人、天主教徒和法國護經派 (Huguenot) 難民等都可以擁有自己的教堂。在一派祥和的氣氛下，各項建設得以逐步開展，經濟也開始繁榮起來。

　　愛好旅遊及畋獵的基士揚五世，在一次鹿苑圍獵的行動中受傷而亡，他的長子接位為費特力四世（Frederik IV, 1699–1730 在位），年僅二十八歲。當時歐洲諸國君王也都是血氣方剛的青年，早他兩年登基的瑞典國王卡爾十二世（Karl XII, 1697–1718 在位）

十七歲，俄國沙皇彼得一世二十七歲（Peter I, 1682–1725 在位），兼任波蘭國王的薩克森選侯奧古斯都二世（Augustus II, 1694–1733 在位）也只有三十歲，並且都是不知民間疾苦，不識戰爭厲害的紈袴子弟；在他們的操作之下，輕易點燃了北歐大戰的烽火。

　　為了「開向歐洲的窗戶」，沙皇彼得積極向西擴張，以覓

圖 16：費特力四世

取暖水港口。黑海受控於強敵土耳其，波羅的海雖已成瑞典內湖，但瑞典人口僅一百餘萬，為當時波蘭的八分之一，且主幼國虛，有機可乘。同時，波蘭想光復波羅的海沿岸的屬地，丹麥要奪回日德蘭北方的霍爾斯坦，俄國乃與波、丹於 1699 年訂定三國攻守同盟，於翌年爆發了歐洲史上有名的北方大戰 (The Great Northern War, 1700–1720)。

　　三國同盟的消息傳來，一向沉湎於嬉戲宴樂的瑞典新王卡爾十二世卻一鳴驚人地在參政院宣布：「朕曾熟讀《亞歷山大傳記》，一向鄙棄不明真理之惡徒；今俄、波、丹三國既視我年幼可欺，願以利劍摧毀該三國之邪念。」並立即整頓軍備，且與荷蘭及英國聯盟後，於 1700 年 5 月誓師出發。首先親率艦隊援救在霍爾斯坦的哥托伯大公 (Duck of Gottorp, 1671–1702，他是卡爾十二世的姐夫)，並另以側翼艦隊奇襲哥本哈根且占領了璽蘭島，丹麥被迫停戰，於 8 月 19 日簽訂〈特拉溫德和約〉(*Treaty of Traventhal*)。他轉而揮軍東向，同年 11 月在納瓦 (Narva) 以八千四百名精兵擊敗彼得一世四萬大軍，乃轉戰波蘭，至 1706 年迫令國王奧古斯都二世退位後，再攻入俄境。既經六年的休養整備，彼得一世已經徵集新兵，借聘日耳曼軍官，訓練步騎砲混合的機動兵團，並在聖彼得堡外建立克隆斯達要塞 (Kronstadt) 配合新組艦隊，嚴陣以待。為軍隊給養問題，卡爾十二世又繞道烏克蘭，至 1709 年 7 月 8 日在基輔附近的波特瓦 (Paltava) 與俄軍決戰時，已經師老兵疲，且受傷鋸足，以致全軍覆沒，僅與少數勇士逃入土耳其。幸獲瑞典志願軍兩萬人趕來勤王，乃再鼓動土耳其

對俄宣戰。彼得一世於 1711 年夏親率俄軍四萬南征，然卻於強渡普魯特河 (Pruth R.) 後，被十五萬土耳其重兵包圍，為免被俘受辱，讓步求和，於 7 月 23 日簽〈普魯特條約〉(Treaty of the Pruth)，允歸還奪自土耳其之領土，且不再干預波蘭及哥薩克區之事務，保證不在黑海建立海軍。卡爾十二世憤土耳其不顧盟約，受賄與俄議和而發生衝突，致被監禁，延至 1714 年才脫身返國。其時，不僅丹麥已再度興兵攻打瑞典；奧古斯都二世又復位為波蘭國王；而且俄軍攻下了赫爾辛基，遠至斯德哥爾摩附近登陸。形勢危急，為出奇制勝，重振軍威，瑞王卡爾十二世突然揮兵西向，擬奪取挪威以資補償。1716 年由四十四艘戰船組成的瑞典艦隊侵犯挪威，卻被年僅二十五歲的守將威塞 (Peter Wessel, 1690–1720) 所率少數海軍，利用峽灣天險所擊潰；陸軍則困於山地，給養困難，戰力大受限制；被認為十八世紀軍事怪傑之一的卡爾十二世且於 1718 年轉戰至挪威叢林中被刺身亡，戰事乃告結束。

　　1720 年，瑞典與聯軍簽訂〈斯德哥爾摩條約〉(Treaties of Stockholm)，放棄其在日耳曼境內的全部領土，承認普魯士取得前波瑪，漢諾威取得布萊梅，奧古斯都二世復位為波蘭國王；丹麥雖取得歷史上原已有宗主權的霍爾斯坦，卻仍無法光復斯堪尼亞之失土。原因是其雖為戰勝國，卻在戰時未盡全力，尤其當 1709 年波特瓦決戰之前，丹王費特力正赴威尼斯參加嘉年華會，玩得起勁而延誤了出兵的日期，而且還在斯堪尼亞打了敗仗。

　　1721 年，在法國的調停下，瑞典與俄國訂〈尼斯達條約〉(Treaty of Nystad)，將愛沙尼亞等地割讓給俄國，而僅收回 1714

年被其強占的芬蘭，使俄國取代瑞典成為波羅的海之強權，而得
以躋身歐洲之大國。

　　基於以上和約，丹麥和瑞典仍然勢均力敵，但仍享受了八十
年的太平盛世。

第四章 | *Chapter 4*

啟蒙時代的丹麥

第一節　丹麥啟蒙運動的開展

十字軍東征使歐洲人重新發現了尊重個人價值、發揚人性光輝的希臘古典文化，因之而產生的文藝復興，讓漫漫長夜的中古黑暗時代透露出一絲晨曦；而路德的宗教改革更喚醒人類的靈性與良知，讓人人可以自行閱讀上帝所啟示的《聖經》，直接觀察上帝所創造的自然，不被教皇轄制，不受教義桎梏地自由與神交通，猶如旭日之東昇 ； 再經過 1543 年哥白尼 (Nicolaus Copernicus, 1473–1543) 發表「天體運行論」以來自然科學的發明與進步，使清晨的陽光愈照愈明 ， 而終形成了光輝燦爛的啟蒙運動 (The Enlightenment)。

「啟蒙」原來的意思是「照亮」，是指人類基於理性的自我覺醒，運用理性之光，祛除蒙昧和無知。十八世紀時歐洲的啟蒙運動，不僅基於上述的精神把十七世紀科學和思想革命的成果予以

普遍化，而且由於人類思想脫離幼稚和蒙昧的狀態，從迷信和偏見中解放出來，而得以成熟地在宗教、倫理、政治、法律、經濟和自然科學等各方面均有重要的創新和成就。更重要的是啟蒙時代的人們，本著進步的信念，對未來充滿了樂觀主義，咸信可以喜樂地在現世建立地上的天國，而不是痛苦地克制己身以等待來世的天堂。

　　啟蒙運動由信奉新教的荷蘭（如斯賓諾莎、格老秀斯等）和英國（霍布斯、洛克、亞當·斯密等）發其端，經過日耳曼諸邦（萊布尼茲、吳爾夫、海爾岱、萊辛等）的深入探討，而至天主教的法國（孟德斯鳩、狄德羅、伏爾泰及盧梭等）匯為大成。丹麥的啟蒙運動則主要受到宣揚萊布尼茲 (Gottfried Wihelm Leibniz, 1646–1716) 哲學的吳爾夫學派的影響。吳爾夫 (Christian Wolff, 1679–1754) 在哈勒大學用德文解釋萊氏哲學並加以系統化，帶動了研究哲學的風氣，亦壯大了啟蒙運動的聲勢。吳氏的著作被陸續譯成丹文，其主張調和理性與經驗，兼顧理論（本體論、心理學及神學等）與實踐（倫理學、政治學及經濟學等）之研究，以邏輯為一切學科之入門等，且成為哥本哈根大學當時課程改革的重點。不僅如此，重新復校的貴族學校「樹祿學院」(Sorø Academy) 之教師們還明白宣稱：要以吳爾夫哲學的精神來辦學。當然，丹麥的啟蒙運動尚有其政治、經濟與社會的層面，而其形成更有其歷史、文化與環境的因素。

　　北方大戰在 1720 年和平落幕以後，嚐盡戰敗痛苦的丹王費特力四世亟思與民休息，以恢復國家的元氣，他在伊斯隆 (Esrum)

圖 17：和平宮

湖邊為自己興建「和平宮」（Fredensborg，今為夏宮），也為全國
兒童在各地蓋造了二百四十所學校；並且開始招收女生及大大地
提高教師的待遇，使全國充滿了在祥和中進步的樂觀氣氛。赴義
大利及其他國家旅遊的經驗，使他採取歡迎外來移民的政策。這
些後到的新住民更為丹麥的經濟發展帶來了新的動力；早在 1680
年丹麥就收容猶太人和喀爾文教派的信徒。其後 1685 年路易十四
取消〈南特詔令〉（Edict of Nantes）後逃難到普魯士的法國護經派
新教徒，又因為普魯士「軍人國王」(Soldaten König) 腓特烈‧威
廉一世（Friedrich Wilhelm I, 1713–1740 在位）開始徵兵，他們不
願服兵役而避難到丹麥，帶來了很多進步的工藝技術，尤其是製
造荷蘭德孚式 (Delft) 藍色陶瓷的技術，促進了經濟繁榮。而他們

在農業經營的改良方面，也有很多貢獻，尤其是開始栽培蔬菜及煙草等高收入的經濟作物，極有助於丹麥精緻農業的發展。

十七世紀自然科學在歐洲萌芽時，僻處北疆的丹麥並未缺席，到了十八世紀當然更要緊隨密跟地努力前驅。以天文學而論，繼承布拉衣缽的是呂梅 (Ole Rømer, 1644–1710)，根據他長期觀察天象的資料，計算出木星接近地球時，其衛星運轉的速度，較離開時為快，因而 1676 年在巴黎發表其劃時代的光速理論。1681 年，他返回丹麥以後，不僅續任哥本哈根大學教授，重建三一教堂的圓塔天文臺 (Rundetårn)；而且還兼任政府的工程師，對幣制和度量衡的確立、街燈的鋪設、海港與給水工程的建設、造船和橋樑工程的規劃等，對國家有很多的貢獻，因之還一度擔任主管警察和消防的市長與高等法院的法官。當他於 1710 年逝世時，教堂的鐘聲敲響了兩個小時以示悼念。其學術研究的志業則由其弟子霍力波 (Peder Horrebow, 1679–1764) 等在哥本哈根大學傳授下去。

其實，在那天才的科學世紀，最重要的丹麥科學家要算史汀生 (Niels Steensen, 1638–1686)，他在哥本哈根就學時就已經服膺伽利略 (Galileo, 1564–1642) 的理論，而主張用實驗及觀察的方法來研究自然現象。在荷蘭進修解剖醫學時發現耳腺與淚管，說明腎臟與心臟的功能，到巴黎客座時講授頭腦的生理現象。1665 年應托斯卡尼大公 (The Grand Ducke of Tuscany) 之邀到義大利主持研究工作時，更在地質學、結晶學及古生物學方面有重大成就，尤其是從鯊魚的牙齒化石中鎢的沉澱來推論地殼形成原因，開創了現代地質學的研究。1667 年他突然改宗天主教，並於其後被任

命為主教及負責斯堪地納維亞地區的
福音工作，他確信：「經由對自然的觀
察與實驗，才發現神的創造何其奇妙，
神的大愛何其深厚！」

　　當然，丹麥啟蒙運動的基地在大
學。把丹麥帶進啟蒙時代的乃是一群哥
本哈根大學的教育改革者，其核心人物
是賀爾貝 (Ludvig Holberg, 1684–

圖 18：啟蒙大師賀爾貝

1754)。他出生於挪威的貝爾根，十七歲到哥本哈根大學就讀，深
受創導人文思想與大學改革的法學教授羅采 (Christian Reitzer,
1665–1736) 的影響，十九歲考取神學士學位後便至荷蘭、英國、
巴黎及羅馬等地遊學，三十三歲獲聘母校哥本哈根大學形上學教
授。要任教「學位資格考試」(Philosophicun) 有關科目，其中包
括神學基要、希伯來文、拉丁文、邏輯學、歷史、地理、幾何、
代數與天文學，且都要用拉丁文來教學及考試。這些都是他和年
輕的教授們要求改革的對象。他們主張教授新的自然科學、社會
科學和歷史科學，且要引進實驗和觀察的新方法，來加強思辨和
討論，並且要用母語教學。為了擴大影響，賀爾貝還運用諷刺和
幽默的筆法，來撰寫詩歌、戲劇和散文，固然引得了熱烈的反應，
但卻惹來了一場官司，幸蒙開明的丹王費特力四世予以赦免，因
此聲名更為大噪。1722 年丹京成立第一所劇院，賀氏為其編寫喜
劇，每月一齣，連續十五個月之久，場場爆滿，深受民眾歡迎，
亦足見其是如何的才華橫溢。哥本哈根大學也就在他的努力下成

立了可以自由研究，用丹麥文教學的哲學院（相當於今天的文理學院，包括自然科學的研究與教學），哲學不再是神學的婢女，可不受教條的轄制。1732 年修正公布的大學章程中，更明文規定了其他學院的教授與學生，其地位與待遇應與神學院的師生相等。由於賀爾貝非常重視歷史的研究，認係為國服務尤其是從事外交工作必須的修養；故其第一本著作便是《歐洲各國史引論》(*Introduction til de europaeiske Rigsrs Histotorie*, 1711)，其後並陸續發表了《丹麥與挪威概論》(*Dannemarks og Norges Beskrivelse*, 1729)、《基督教會史》(*Almindelig Kirke-Historie*, 1738)、《猶太民族史》(*Den jødiske Historie fra Verdens Begyndelse, fortsat til disse Tider*, 1742) 等有關著作。但以史料考證為基礎的現代史學，卻係由他出生於冰島的同事馬葛諾生 (Árni Magnússon, 1663–1730) 來完成，從冰島所發掘及搜集到的豐富古簡與史料，重新發現了維金人光榮的歷史。再經由葛讓 (Hans Gram, 1685–1748) 及梁吉貝 (Jakob Langebek, 1710–1775) 等人的研究整理，而使丹麥民族找回了固有的文化傳統。當時的副校長龐篤比騰主教 (Erik Pontoppidan, 1698–1764) 則在從事教會史研究的田野調查時完成了第一份丹麥地圖 (Den danske Atlas)。1736 年賀爾貝出任校長後，在霍嚴教授 (Andreas Hojer, 1690–1730) 規劃下成立了法學院，確立了國家法不受教會法支配的原則。並開始醫學課程，來訓練外科醫生（以往由理髮師兼任）及其他醫藥人才。1758 年客拉琛斯坦 (Christian G. Kratzenstein, 1723–1795) 來校後更建立了完整的醫學教育體系。自此以後的哥本哈根大學，配合 1746 年創

辦的「國家科學院」(Videnskabernes Selskab)，本著「辯證的、實證的及數理的原則」創導學術研究，帶領丹麥社會由啟蒙而成熟，逐步走向崇尚人文的現代社會。

第二節　啟蒙時代的開明專制

　　費特力四世雖在大戰期間屢嚐敗績，不孚眾望，但在戰後虔信基督，曾邀請摩拉維亞弟兄會的領袖新生鐸夫伯爵 (Nikolaus Ludwig, Graf von Zinzendorf, 1700–1760) 來丹講道；故不僅以開明的作風，容許啟蒙運動之開展，而且愛民似子地顧及民間疾苦，始終不准增加田賦，尤其不准把稅負轉嫁到農民身上。1730 年崩逝於歐恩寨的小宮殿中，全國民眾哀痛悼念，真誠地為國王居喪，丹麥史家認為是 1412 年女王瑪格麗特一世喪禮以後的第一次。

　　太子繼位為基士揚六世 (Christian VI, 1730–1746 在位)，他在日耳曼接受教育，根本沒有學過丹麥話。王后瑪格黛玲 (Sophie Magdalenem, 1700–1770) 是日耳曼孔巴哈邦 (Kulmbach) 的公主，她的隨從也都出任朝廷的要職。曾任外交部長的徐林 (Johan S. Schulin, 1694–1750) 曾力阻向瑞典宣戰，而使基士揚六世成為第一個未曾於在位期間發生戰爭的丹王，但其餘倖臣都阿諛奉上、逢君之惡，當首都正忙於 1728 年大火災的善後事宜時，他們卻大興土木地營建宮殿。基士揚六世只做了十六年國王，所蓋王宮比他父王在位五十二年期間所蓋官邸還多，王室的奢侈再度造成了國庫的鬧窮，加重了農民的負擔，以致發生賣身為奴的情形；亦

圖 19：基士揚六世全家福

使丹王自己也只活了四十七歲。幸而其時海外殖民及貿易正方興未艾，在美洲獲得西印度群島的第三個島嶼：聖克魯斯 (St. Croix)，在非洲則在幾尼亞 (Guinea) 占領商業據點，故得以運送軍械及烈酒到非洲去交換奴隸，再販賣到美洲去運回糖、棉及煙草。同時，寶隆洋行 (Asiatic Company) 則自印度及中國運來絲綢、茶葉及瓷器，轉銷俄羅斯及波羅的海地區。此時國內也開始建立新式船塢，並發展製造眼鏡片、放大鏡及望遠鏡等工藝，財富日增，金融業也應運產生，而於 1736 年創設了國家銀行。啟蒙時代民間活力層出無窮，不僅表現在形形式式的民間社團活動上，而且時常傳出令人興奮的新猷，例如 1737 年諾登 (Frederik L. Norden, 1708–1742) 深入非洲，測繪了第一份尼羅河流域地圖，1741 年白令 (Vitus J. Bering, 1681–1741) 不負沙皇所託，找到了經由阿拉斯加到達美洲的通道等。但是專制政治的流弊，封建制度的遺毒及宗教迷信的殘餘，仍然使丹麥社會出現許多往下沉淪的現象。富有良知的士人，無法不用文化批評來提醒大眾。1741 年賀爾貝更推出了第一

部丹麥文小說：《尼爾斯旅遊地府記》 (*Niels Klims underjordiske Rejse*)，仍舊用他那一貫的諷刺而幽默的筆法，評論當前社會，獲得了很大的迴響，甚至其拉丁文譯本還暢銷日耳曼各邦。

費特力五世 （Frederik V, 1746–1766 在位） 娶英王喬治二世 （George II, 1727–1760 在位）之女露薏絲 (Louise, 1724–1751) 為后，頗有他祖父的開明作風，經常輕車簡從、微服出巡，以便接近民眾，不僅減少宮廷禁衛，而且還把皇家的鹿苑 (Royal Deer Park) 開放給公眾遊樂。故賀爾貝稱讚他是一位蒙上帝祝福的幸運君王。的確，他是一位幸運的君王，在位期間獲得政治家茅琦 (Adam Gottlob Moltke, 1710–1792) 及丹麥大政治家貝士泰 (Johann H. Ernst Graf von Bernstorff, 1712–1772) 相輔。前者是他幼年導師，勉勵他採取開明的措施，允許農業自由，獎勵學術文化；國王的密友從早到晚在他身邊，國王與他暢談大小事，這使茅琦能夠在他喜歡的所有領域影響國王，繼而協助國王穩定國家財政，促進經濟繁榮，為未來憲政作了良好準備。後者幹練有為且具遠見，深受啟蒙思想之陶冶，極重視民間疾苦及社會福利，曾出使帝國議會及擔任外長，小心謹慎地避免捲入「七年戰爭」 （The Seven Years' War, 1756–1763，在歐陸為普、奧爭霸，在海外則為英、法殖民地戰爭。俄國及瑞典也先後參戰），及勸阻俄國干涉霍爾斯坦，而使丹麥得以保持和平，國泰民安地走上富強之路。亦即為此，費特力五世時期被譽為啟蒙時代開明專制之楷模。

1748 年皇家劇院 (Det Kongelige Teater) 成立，啟蒙大師賀爾貝被封為男爵，及其於 1754 年逝世時，丹王更下令國葬，可謂備

極哀榮。而在他所帶動的寬容政策與自由氣氛下，丹麥的藝術與
文化也有了長足的進步。

　　1748 年是奧登堡王室入主丹麥的三百週年，不僅擬在首都興
建主教堂以資紀念，並且根據建築師艾特維 (Niels Eigtved, 1701–
1754) 的建議，以亞瑪麗堡 (Amalienborg) 為中心，興建「費特力
城」，宮堡四周不僅安排首相官邸等國家重臣的住宅，而且允許民
眾在此營建華廈，這些巴洛克式的建築構成哥本哈根美麗的新市
區，法國藝術家薩萊 (Jacques Saly, 1717–1776) 所雕塑的費特力五
世騎馬雄姿的石像則聳立在廣場中心。建材大量地採用挪威的大

理石，是故主教堂還被一般民
眾稱為「大理石教堂」。毋庸置
疑的，費特力城迄今仍被認為
是丹麥建築的代表作和都市計
劃的前驅。接著配合皇家藝術
學院的成立，公立植物園的闢
建等，都改良了附近的社區，
而擁有五百個床位的費特力醫
院落成後，以其中一百二十五
個床位保留給貧民施醫所用，
更為社會福利的創舉，也是父
權政治下仁政的具體表現。

圖 20：《貝林時報》第一期封面　　就是 《貝林時報》 (*Berlingske*

Tidende) 的創刊，這一份迄今仍在發行的全球最古老的報紙，對民智的啟發有很大的貢獻。

費特力五世在位期間，丹麥的手工藝，尤其是銀器和傢俱製作方面有很大的進步，其精美足以傲視歐洲。住宅包括農舍在內亦有很大的改良，開始使用窗戶，注意布置和裝飾。茶、咖啡和啤酒的消費愈來愈普遍，但自來水尚無法生飲，街道上常堆滿了垃圾。少數有錢人家已懂得使用香粉香水來祛污除臭，但大多數貧民卻仍居住在簡陋而不衛生的環境中。政府有意替老百姓多做點事，但要向地主們徵收「救貧捐」(Poverty Tax) 卻遭遇到強烈的反對而無法貫徹。甚至他們也不願意當兵納糧，資產階級們更千方百計地影響參政院，要把稅負全部轉嫁到農民身上。

俄國沙皇彼得三世（Peter III, 1762 年在位）登基後，因渠係彼得大帝的外孫，是安娜公主嫁給霍爾斯坦大公後所生，有意染指故鄉，而於 1762 年向丹麥宣戰。貝士泰運用外交手段竭力防制戰禍，幸彼得三世迅被其后凱薩琳（Catherine the Great, 1762–1796 在位）篡位，和議得以馬上成立。

經此教訓，更深知非提昇軍事防衛力量，實不足以保衛國家安全。1764 年貝士泰特地延請法國建築師來助建連結璽蘭島北部生產鎗砲彈藥的兵工特區至哥本哈根等地的大道 (Chausées)，以便利運兵及補給 。 這些建築師也帶來了洛可可式 (Rococo Style) 的建築新風格，其中包括貝士泰采邑的官邸及許多大地主在鄉下的莊園，點綴在草原湖泊之間，構成美麗丹麥平原的新貌。

隨著經濟逐漸繁榮，民間財富雖已增加，但貧富的差距亦更

為拉大；政府的收入雖已增加，但支出卻更為浩繁，尤以加強軍備以後為然。為了平衡政府收支，費特力五世居然任命了一位長袖善舞的漢堡商人辛默曼 (Heinrich Carl von Schimmelmann, 1724–1782) 為財政部長，因為他經常捐獻鉅金，提供王室消費，亦曾貸款給丹麥政府來彌補赤字，擬借重他理財本領來改善政府財政。他接任後的辦法是徵收「人頭稅」(Head Tax)，讓每一個人，不論貧富都要繳同樣的稅，雖然因此平衡了收支，還清了欠債，卻亦招致了民怨。尤其是由於 1750 年開放文字禁令以來，書刊雜誌已可自由出版，不必經過事前審查，再加上《貝林時報》的領導輿論，批評的聲浪越來越高，終於凝聚為推行社會改革，提高農民生活的呼聲，丹麥社會的變遷亦因之而加速。

綜上可見，費特力五世年輕時，知人善任，開創了開明專制的太平盛世，頗有其祖父的遺風，但在其個性中仍保留了他父親的弱點；當露薏絲王后於 1751 年病故後，雖已繼娶頗受民眾愛戴的布朗薛威克公主茱莉亞 (Juliane Marie of Brunswick, 1729–1796) 為后，但他卻日夜以酒澆愁，養成了酗酒的惡習而無法自拔。酒精不僅傷害了他的明智，且亦造成了他四十二歲就早逝的原因。

第三節　史托恩醫生的政治改革

君主專制政治之成敗，往往取決於執政者的人格與才能，而基士揚七世（Christian VII, 1766–1808 在位）繼位之時，才是一

圖 21：基士揚七世　　圖 22：卡洛琳王后　　圖 23：史托恩醫生

個十七歲的少年。他幼時乖巧聰敏，但三歲喪母後，便被交給一個嚴厲的師傅來管教，強迫他做一個品學兼優的乖寶寶，焉知反而養成他仇視宮廷中所有大人物的心理，甚至因過度壓抑而有精神分裂的傾向。為使他能順利地推行政務，登基後立即迎娶英王喬治三世（George III, 1760–1820 在位）之妹——十五歲的卡洛琳（Caroline Mathilde, 1751–1775）為后，雖於兩年後育有一子，但夫妻之間卻始終琴瑟失調。新王不僅在宮中蓋了一個戲院，召請法國馬戲團來表演，而且經常舉行化裝舞會，狂飲濫嫖，放蕩無度。茅琦等老臣及重要的軍事將領均被先後罷免，只留下貝士泰繼續辦理對俄國的交涉。

　　1768 年基士揚七世赴英、法訪問，隨行的日耳曼醫生——年輕的史托恩 (Johann Friedrich Graf von Struensee, 1737–1772) 善解人意，安排了很多歡迎的場面，使丹王龍心大悅，歸令入宮侍奉。翌年，罹患憂鬱症的王后卡洛琳已經年滿十八歲，她向這位年輕醫生求診時，他卻依據盧梭的想法而認為：心病要用心藥醫。建

議她用騎馬散心來代替打針吃藥；果然收到了很好的效果。接著又以預防接種的方法治癒了小王子的天花，更贏得了王后的芳心。墮入情網的卡洛琳從 1770 年春天開始，大膽地把他帶入寢宮，並且不顧朝臣反對而讓這位滿懷政治理想的醫生干預朝政。史托恩擔任國王的政治顧問不久，又於同年替代貝士泰出任首相。既已掌握了政治權力，就急著要實施他的改革計劃，項目繁多，主要包括：

1. 原係王室收入的松德海峽航運稅，改列為國庫的收入，以充裕政府的財政。

2. 統一司法制度，使貴族與平民的案件由同樣的法庭來審判，做到了法律之前人人平等。

3. 深入調查及揭發社會中不公和不法的事情，予以平反與改善；例如發現一群終身做奴工的老婦人，竟然都是自幼被父母遺棄的孤兒等可見一斑。

4. 限制佃農為地主服役的時間，每年不得超過一百四十四天。

5. 廢止新聞檢查制度，禁止刑求及拷問。

6. 准許自由貿易。

7. 把御花園改成公園，讓民眾可以同樂。

8. 准非婚生子女也可接受洗禮等。

在法國大革命之前二十年，便能夠提出上述主張，可見其充滿了對民瘼的關心與改革社會的熱忱。主張減輕佃農負擔、改善農民生活更是那一個時代的最大民意與有良知的知識分子之共識，故頗蒙讚揚，但是有些措施的苦心孤詣卻不一定被人瞭解而

反受指控。例如准許自由貿易使外國貨得以輸入布料而阻礙正在萌芽的紡織工業,當時就造成二千多個工人失業;開放御花園為公園,使不良少年有了群集嬉遊的場地,家長們更加無法管教他們的子弟;准非婚生子女接受宗教洗禮則被人認為完全是出於自私的打算,因為當時傳言他和王后生下了一個女孩等可見一斑。當然,王后所生公主受洗當天,史托恩被封為伯爵,也的確使人易於聯想,而激怒了宮廷中的保守派。史托恩還犯了一個很大的錯誤,即是輕率地接受軍中的建議,解散了皇家禁衛軍。因為這是全國唯一由丹麥人所組成的武裝部隊,當時的陸軍仍以日耳曼的雇傭兵為基幹,在部隊中亦流行說德語。這個德國佬解散說丹麥語的皇家禁衛軍之居心為何?引起了保皇派的疑懼,而公開反對;且由於傳聞史托恩正計劃用毒藥謀殺丹王之流言,引發了禁衛軍的騷動和哥本哈根市民的示威遊行。

王太后茱莉亞,亦即是基士揚七世的繼母,立即掌握了此種形勢,在她親生王子之秘書,哥本哈根大學神學教授顧德貝 (Ove Høegh-Guldberg, 1731–1808) 等秘密擘劃下,於 1772 年元月 12 日發動了宮廷政變。在熱鬧的化裝舞會即將舉行之時,基士揚七世被強行押回寢宮,在武力脅迫下簽署了逮捕王后及史托恩的命令。獄中秘密審問的結果,史托恩被判貪污瀆職及大逆不敬等罪,於同年 4 月 28 日公開處決。 軟禁在克隆堡的卡洛琳王后遂在 5 月 31 日被判決離婚後,帶著她十個月大的女兒,由一艘英國兵艦送往漢諾威附近的采藍堡 (Castle of Celle) 居住,在那裡,美麗而憂鬱的公主,終於在 1775 年孤伶伶地離開人世,得年僅二十三歲。

　　當事件發生時，英、俄兩國曾先後向丹麥抗議，以聲援史托恩，然未及營救，已被處死，史托恩真是有口難辯。考史氏確是一位有理想、有抱負，並且很有治國才能的政客，從後世看來，他所推行的改革，確亦針對時弊，但因急於革故鼎新，項目過多；於短短十六個月執政期間，已經下了二千餘道命令，未免操之過急。民意尚未溝通，國民心理及有關條件均無準備，新政怎能成功？何況，更因私德不修，捲入宮廷鬥爭，致使這一場原本可以提前完成的丹麥社會革命胎死腹中。

　　史托恩事件平息後，基士揚七世的病情卻日益加劇，朝政完全聽任太后和顧德貝等人的擺布。他們所做的，僅僅是推翻所有新政，讓丹麥社會一百八十度地轉回到從前。他們甚至認為：解除農民的重軛才造成了社會的不安。至於如何修明內政、外抗強權，則根本不知如何入手。奪得政權的第一年就面對英、俄兩國的威脅及嚴重的財政困難。原擬敦請老臣貝士泰復出，來對付英、俄，然貝氏病重無法就任且於同年逝世，只能請他的侄兒小貝士泰 (Andreas Peter Bernstorff, 1735–1797) 來擔任外長，同時又把辛默曼請回來再當財長，總算渡過了難關。由於權勢日增，顧德貝有意大權獨攬，而於 1777 年免除了小貝士泰的外長職務，改變親英政策，而於 1780 年參加俄國倡組的武裝中立同盟 (League of Armed Neutrality) 來反英，但他的親法與保守的保護貿易政策卻昇高了國際衝突。辛默曼則在任內成功地興建了聯通北海與波羅的海之運河，這是當時歐洲最長的運河，不僅有助丹麥的海外貿易，加強對霍爾斯坦的統治，而且更有利於他本人財富之增加，

圖 24：費特力六世　　　　圖 25：名政治家小貝士泰

因為他已經在此一地區購置了不少的土地。可是，人算不如天算，在運河竣工前兩年 (1782)，辛默曼已經先行往生。同時受美國獨立戰爭的影響，有關商社無力繼續投資運河之興建，迫使丹麥政府必須撥款補助而加重了財務危機。

　　依照丹麥法律規定，王儲在接受堅信禮後便成為參政院的成員而顧問國事。信義會傳統上都在教民年滿十四歲時施行堅信禮，由於茱莉亞王太后想繼續垂簾聽政，而千方百計地延遲王儲去接受堅信禮，但拖到 1784 年王儲年滿十六歲時已難再拖而完成了儀式。年輕的王儲費特力六世一進入參政院，便秘密聯結小貝士泰及小辛默曼 (Ernst Heinrich von Schimmelmann, 1747–1831) 等年輕政治家，於同年 4 月 14 日迅雷不及掩耳地發動政變。當時參政院正在開會，王儲在武裝衛士的陪同下，突然起立，宣讀一個文件，略謂今後朝廷一切法令，必須經過他的副署才能生效。丹王

圖 26：完成農地改革的呂文陸

亦立即批准。他的叔父意圖阻撓而發生了搏鬥，但卻不堪一擊，而只能讓王儲把文件收進口袋，當著錯愕不知所措的滿朝文武面前，勝利地揚長離開會場。

王儲任命的新政府由小貝士泰為首相兼外長，小辛默曼為財長兼管商務，以及熱心於農地改革的內政部長呂文陸 (Christian Ditlev Frederik lensgreve Reventlow, 1748–1827) 等所組成。不僅對內繼續推行新政，於 1788 年，法國大革命前一年，解放農奴並輔導農民成為自耕農；接著又改良犁耕，推廣由兩匹馬拖拉的犁車來替代人力，並且開墾遠郊的荒地來增加耕田面積，終於不斷提高農業生產，而成為西歐穀物的主要供應國，促進繁榮，增加國家財富；而且在外交上多方折衝，設法保持中立，與英、法、俄等列強保持等距關係，以便擴大海外貿易，促進國家富強。當時，丹麥商船的數目已增加到歐洲的第三位，僅次於英、法。

第四節　英、法競雄期間的丹麥外交

英國不僅在海外與法國互相競雄、爭奪殖民地；而且亦在歐洲大陸千方百計地防堵法國，以免破壞均勢，危及自身的國家安

全；尤其在〈威斯特發里亞和約〉簽訂後法國變成歐陸最大強國之時為然。是故在十八世紀，不僅丹麥與瑞典之爭霸，要在波羅的海地區受到俄羅斯與日耳曼諸邦的牽制；而且其整個外交政策，亦要受到英、法兩大勢力在歐洲國際體系中互動的影響。所謂「兩大之間難為小」，不是指「弱國無外交」般聽憑強國宰割；而是要運用智慧來「以小事大」，並進而利用列強的矛盾來保障國家的利益。自費特力五世登基以來，丹麥外交即本此原則，秉持大政治家貝士泰所設計的中立政策，力求避免捲入列強的紛爭，並低調地與雙方保持通商貿易。因之阻止了俄國的尋釁，也躲開了普、奧的衝突；然而法國大革命的爆發，顛覆舊社會的秩序 (Ancien Régime)，使歐洲鼎沸；且經由拿破崙的軍事勝利，使民族國家興起，中產階級得勢，新的社會秩序確立，自由、平等、博愛的革命理想傳播於全球，歐洲也幾乎達成政治的統一。英國為了重建歐洲的均勢，喬治三世在首相庇特 (William Pitt the younger, 1759–1806) 的擘劃下，積極對抗拿破崙。至此地步，一方面在法軍入侵威脅下，另一方面在英軍強力壓迫下，僻處北歐的丹麥也無法再置身事外，而其是否站錯立場，拿捏恰當，更關係著國家命運之安危。

　　1797 年小貝士泰病逝，王儲費特力六世必須面對日趨緊張的國際局勢，自行決策。早在美國獨立戰爭期間，俄國曾於 1780 年倡組「武裝中立同盟」以保障中立國的貿易權益。法國既已承認美國獨立，並於 1778 年與美聯盟對英作戰，至是自然力勸丹麥和瑞典、荷蘭、奧地利、普魯士和雙西西里等加入此中立同盟以打

擊英國，促成美國獨立戰爭之勝利。迨至 1799 年拿破崙由埃及潛回巴黎，成功地在 11 月發動政變，被任命為第一執政後統兵入義大利時，英國為先發制人，命派克 (Peter Parker, 1721–1811) 及納爾遜 (Horatio Nelson, 1758–1805) 率領海軍闖入松德海峽圍堵法軍。丹麥為了表示善意，並未攔阻其通航，也未緊急動員加以戒備，剛完成冬季檢閱的艦隻都停靠在軍港的入口。當英艦未經照會，猝然發動攻擊時，根本來不及轉身就位，只能用一邊的砲火回擊，縱然如此，雙方激戰，仍相持不下。丹麥海軍且計劃誘使英艦進入港內砲臺射程範圍時，加以痛擊；但納爾遜遣使告知丹王儲，如不立即停火，將燒燬所俘商船及人員。為不願傷及無辜，且也為顧全大局，丹麥同意停戰也退出了「武裝中立同盟」。事實上該同盟早已名存實亡，並無實際意義，其中主要分子奧地利和普魯士，早在法國革命後便組成同盟 (1792) 反抗法國。1798 年，奧、俄更和英國等共組第二次抗法同盟，丹麥等國雖未立即積極表態，但其執政者均對法國革命有所疑懼而有意親英。如果英國當時遣使談判而非派兵示威，則丹麥必將成其盟友，何況雙方王室尚有姻親關係。但是，1801 年攻擊哥本哈根的行動，卻大大刺傷了丹麥人民的心，而導致其後外交政策的改變。在保衛戰中，丹麥海軍英勇的表現，也激發民族意識的高漲，引起發掘北歐神話及恢復古代維金人光榮歷史的風氣，使丹麥進入發揚民族精神，提倡民族主義的浪漫主義時期。 1801 年 3 月，沙皇保羅一世（Paul I, 1796–1801 在位）被弒，「武裝中立同盟」自然解散，丹麥的海外貿易依舊興盛，不僅把穀物運銷英國，而且還輸出到法

國。故 1805 年英、俄、奧組成第三次抗法同盟時，瑞典立即加入，丹麥則仍採取觀望態度。縱係如此，丹麥輿論仍然傾向親英政策，丹軍的部署亦以抗禦拿破崙的入侵為主軸，計有三萬人部署在南方邊界，且自認海軍有力防守近海島嶼。焉知法、俄於 1807 年簽訂〈梯錫條約〉(Treaties of Tilsit, 1807.7.7–9) 停戰後，英將威列斯勒（Arthur Wellesley, 1769–1852，後封威靈頓公爵）突然率領英軍三萬一千人入侵，列陣於哥本哈根的對岸，要求丹麥提供船隊來補充英海軍的損失。這一個無理要求，當然被斷然拒絕。愛國心切，士氣高昂的丹軍，奮勇地湧往前線，而京城的防禦工事也已構築完成，預期可以打一個漂亮的勝仗。英軍看到士氣如虹的敵陣，亦不敢大意，而拿出了他們的秘密武器——火箭砲，第一次使用於戰場的新發明。9 月 2 日起激戰三晝夜的結果，丹京受創甚重並引發了火災，至 9 月 5 日城內十分之一房屋被毀，大學和主教堂也被火燒。延至 9 月 7 日，哥本哈根只能投降求和。英軍於 10 月 21 日撤離時，不僅擄走了丹麥海軍的六十九艘兵艦，而且還把船塢也破壞了，根本不顧昔日情誼與鄰國的民族自尊。

　　經此刺激，丹麥立即於 10 月 31 日與法國簽訂聯盟，英國也於 11 月 4 日正式向丹麥宣戰。

　　外交上的轉折，使英國找到藉口，逐一奪取丹麥的海外殖民地及來往貿易的商船。英艦的封鎖，更使挪威及其他藩屬無法及時運到賴以維生的穀物，而發生饑荒；戰火蔓延的結果，丹麥本土的經濟也因之癱瘓。

　　1808 年，病情日重的丹王基士揚七世，因偶然發現來丹協防的西班牙軍隊，事出突然，誤以為是敵軍已經攻入城內，一驚而亡。早已實際掌握政權二十四年的王儲費特力六世，至此始正式繼承王位。面對內憂外患的困局，他仍奮勉撐持、力圖突破。為解救 1813 年以來銀行破產的危機，立即發行新幣，以一比六的價格兌換舊幣。面對挾俄羅斯與普魯士聯盟之勢，重行侵入霍爾斯坦的瑞典軍隊，則運用外交談判，妥協地維持和平。迨至拿破崙戰敗，瑞典幸運地屬於戰勝者的陣營，而丹麥則站在戰敗的一邊，由於選錯了邊，自然更要面對歷史性的審判。

　　當 1807 年商訂〈梯錫條約〉時，拿破崙同意俄皇亞歷山大一世（Alexander I, 1801–1825 在位）有自由對付瑞典之權，俄軍遂於次年占領了戰略上對聖彼得堡極為重要的瑞典屬國芬蘭。消息傳到瑞典，立即激起國內對古斯塔夫四世（Gustav IV, Adolf, 1792–1809 在位）無能應變的不滿情緒，而爆發一次政變。參政會改立其叔父卡爾十三世（Karl XIII, 1809–1818 在位）為新王，並訂頒了更為開明的新憲法。又由於卡爾十三世並無子嗣，參政會再選立拿破崙的愛將貝納多元帥 (Jean-Baptiste Bernadotte, 1763–1844) 為王太子，盼其能自俄國手中奪回芬蘭。然他於 1810 年北上接任王儲後，卻迅速與俄媾和，甯失東隅之芬蘭，並在英、俄兩國支持下，揮兵進攻挪威，以收西方之桑榆。迨至拿破崙征俄失敗，開始撤退，俄、普、英、奧所主導的聯合抗法陣線於 1813 年終於形成；瑞典遂即參加，並由王儲領軍投入萊比錫 (Leipzig) 之役，共創民族戰爭之勝利。故於維也納會議

(1814.9.18–1815.6.9) 中討論領土分配時，為了補償戰勝國瑞典割讓波瑪 (Pommern) 給普魯士，及割讓芬蘭給俄國的土地損失，而把戰敗國丹麥有宗主權的挪威割讓給瑞典。1815 年 6 月 9 日〈維也納條約〉 (*Acte Finale*) 簽訂後，與丹麥有四百五十年為聯合王國歷史的挪威被正式割離，這對兩國國民的心理，均有難以承受的痛苦。

在瑞典陸軍及英國艦隊的雙重威脅下，挪威參政會終於在 1814 年 11 月改選瑞典國王卡爾十三世兼任挪威國王，結束其與丹麥的聯合關係，但所轄自治領法羅群島、冰島及格陵蘭等則仍歸屬於丹麥。但挪威仍被同意，保有它先於同年 5 月所制訂的憲法，而享有高度的自治，並得以因此迅速推展民主政治，後來居上地與丹麥及瑞典在北歐鼎足而立。

〈維也納條約〉的保守態度和復辟精神，雖然在政治上恢復了各國間的均勢，展開了歐洲協調的新嘗試，維持了近半個世紀的和平；但各國的經濟和社會問題並未解決，以丹麥而論，民生日困，連食物和燃料都嚴重缺乏，農民賣掉了土地還要賣身，只求能勉圖苟延殘喘。在位的費特力六世和助他治國的大臣們，要怎樣才能依靠上帝所賜的智慧突破困境，多難興邦呢？

第五節　戰後復興的文化動力

〈維也納條約〉簽訂後，丹麥被迫割讓挪威，不僅在政治上受制於列強，而且在經濟上亦備受壓榨；從事海外貿易的大公司

逐一倒閉，接著引起金融危機，在 1819 年國際經濟恐慌發生前，丹麥已經百業蕭條。窮苦的人民連食物和燃料等民生必需品都不易獲得，農民紛紛出售土地來苟活。這種內憂外患的困境並沒有打敗丹麥，相反的，卻喚醒了丹麥知識分子的民族精神，他們要從古維金文化中去尋找民族活力，在一種浪漫主義的愛國情操中去復興民族。他們終於做到了憑藉教育與文化的力量，來推動社會的進步，而再創經濟繁榮、政治發展的太平盛世，使丹麥在十九世紀成為文化生活上的黃金時期。

　　一個重要的標號乃是：在割讓挪威的前一年──1814 年，丹麥公布了〈國民義務教育法〉，規定七至十四歲的少年，必須接受強迫性的國民教育。這種以教育為國民義務的做法，領先了當時的歐洲各國，也奠定了丹麥復興的基礎，打贏了第一次薛來斯威的戰爭，並且未經流血革命便進入了君主立憲的民主時期。當然，之所以能如此，亦仍有其歷史背景與文化脈絡。

　　當 1801 年英國艦隊首次攻打哥本哈根時，大學中的愛國學生便自動組成了「王太子自衛隊」(Kronprinsens Livkorps)，從事校園的防護工作，在砲火中搶救了不少圖書資料。1807 年英軍再度猛烈砲轟且肇致全城火災時，自衛隊的學生更不顧生命危險，奔走救災，且於災後形成了自救救人的愛國運動。此一運動的靈魂人物是施梯奮 (Henrik Steffens, 1773–1845)，他是礦物系的學生，但其後在自然哲學的研究方面有很高的成就。早在 1793 年法王路易十六 （Louis XVI, 1774–1792 在位） 被送上斷頭臺的消息傳抵丹京而引起的警民衝突中便嶄露頭角，在拿破崙戰爭期間便到德

國的耶拿大學去留學。受教於謝林 (F. W. J. Schelling, 1775–
1854)，欣然信服「同一哲學」(Identitätsphilosophie) 的理論，認
為自然及精神為同一最高原理之兩面。自然是看得見的精神，精
神則為不可見的自然。心與物是宇宙中理智的兩極，因拒力與吸
力之互動而變易不居，逐漸表現其自我而繼長增高，向上發展。
所以宇宙是動態的，生機的，有其自我目的，為上帝意志之表現，
亦為自我轉化的創造。自然科學憑感官經驗而成立，只能發現自
然各部分之靜態——存在。哲學則本理智直覺可以窺見自然全體
的動態——變易。所謂變易乃是目的論之演進，最後達於自覺（完
成自我，分辨我與非我），自覺之最高表現為藝術。宇宙原本就是
一件最完美的藝術品，一個最完善的有機體，無法用數字描述得
盡，不能用尺寸計量得全；必須擴大理性來認知，加強直覺來體
驗，運用心靈來接觸。人類歷史是在不斷的創造中，表現宇宙之
和諧；經由初民時代機械被動，迷信命定的自然狀態；演變成當
前生機主動、意志行事的文明時代；且終將在未來時代使自然與
精神正反綜合、復歸於一。是故人生在世必須用意志實踐自我，
以觀念產生實在，為所應為地在必然中爭取自由，把現實漸變成
理想，在創造上與天地同工。

　　在耶拿時，施梯奮也曾聽過菲希特 (Johann Gottlieb Fichte,
1762–1814) 的演講，並參加當時浪漫主義運動諸君子，如薛來格
(Friedrich Schlegel, 1772–1829) 等所主持的研討會，深受感動。返
回丹麥後便於 1802–1804 年在哥本哈根大學講授浪漫主義的哲
學思想，頗受學生歡迎，且亦引起學術界的重視。但是，保守的

教授們卻始終不肯給他一個正式教授的職位，而迫使他只能應聘
到德國的大學去任教，先去哈勒，後到柏林參加 1810 年新創的洪
博大學。

　　浪漫主義哲學的歷史觀與其對自然的看法，深深影響了丹麥
的大科學家歐士德 (Hans Christian Ørsted, 1777–1851)，他在校時
已對康德哲學及浪漫主義有所認識，赴德遊學時更和施梯奮交往
密切，曾深入研究謝林的學說，且有進一步的詮釋。在他所撰《在
自然中的精神》(Aanden i Naturen, 1850) 之書稿中，明顯地看出，
拒絕了「泛神論」(Pantheism) 的傾向而承認宇宙中上帝的法則。
認為科學研究所發現的自然規律，也就是上帝所立的法則，足以
闡明祂自己的經綸。所以他努力運用科學工具來觀察自然，進行
實驗。三年後返回哥本哈根時，卻因大學當局不喜歡他的自然哲
學而遲不給他正式職位，直到他靠民間基金的獎助與貸款，埋首

圖 27：科學家歐士德

從事科學實驗，其研究成果已
引起國際間的重視時，始於
1806 年被任命為醫學院的物
理學教授。1812 年他在柏林所
發表 〈論化學的自然律〉
(Ansicht der Chemische Natur-
gesetzen) 的論文中，首先指出
電流與磁性的關係，謂電力在
振動中擴散，可以產生光和
熱，而許多化學作用即係受電

子的影響而發生。1815 年他被選任為丹麥科學院的秘書，1817 年又被聘任為大學哲學院（當時理學院尚未從哲學院分出來）的講座教授而領導自然哲學的研究。他鍥而不舍的實驗和觀察，又接著發現電力可以帶動磁針，陰陽兩極的磁性有其正反綜合的作用等，終於在 1820 年公布了他劃時代的發現：「電磁原理」(Electro-magnetism)，奠定了以後發明電報、電話及其他電子通訊的基礎。他和法蘭第 (Michael Faraday, 1791–1867) 在電學上的發現，共同開闢了物理研究上的新領域，使人類應用電機和電子而進入現代科技的高度文明時代。

其後，歐士德仍孜孜不倦地為公眾服務，他設計耐壓計來便利鋁的製造，翻譯丹麥文的科學名詞來鼓勵青年學習，舉辦通俗的科學講座來教育民眾，甚至還吸引了許多婦女來聽講。1829 年更創辦了技術學院 (Polyteknisk Laereanstall，今為丹麥國立工業大學)。但是對他來說：「渴望發現大自然的統一力量，更甚於任何科學和技術的發現。」宇宙述說祂的榮耀，穹蒼傳揚祂的手段，愈研究自然科學，愈使人發現自然的法則而敬拜創造宇宙的主，我們的神。洞明神性，使精神與自然復歸於一，這才是人類理想的極致。

文學家歐倫雪蘭閣 (Adam Gottlob Oehlenschläger, 1779–1850) 運用其美妙的文筆，透過詩歌、小說及戲劇，表達其人性源於神性，不僅有理智與意志，而且有情感與靈心的浪漫主義思想。他亦是在 1802 年聽施梯奮的演講而改變了人生態度，在赴德意志及義大利遊學時結識了哥德 (Johann Wolfgang von Gothe,

圖 28：歐倫雪蘭閣

1749–1832) 與菲希特。在他的作品中亦充分應用了北歐神話和古丹麥歷史的材料，且強調個性，描述人類對於存在真理之探索。

丹麥浪漫主義思潮當然無法擺脫赫德 (Johann Gottfried von Herder, 1744–1803) 歷史哲學的影響。人性發展既循序以進，由草莽而文明，以全人為目標，其表現則在語言和藝術 ; 故引起人們對上古時代及民族早期文化的研究興趣。當時最有成就的學者是繆勒 (Peter Erasmus Müller, 1776–1834)，他於 1801–1830 年間擔任神學教授，其後又出任璽蘭島的大主教，但是他最大的貢獻卻是因業餘研究冰島古代的語文，而發現其與丹麥的古文與歌詞系出同源 。 在這一個基礎上 ， 拉斯克 (Rasmus Kristian Rask, 1787–1832) 開始了他比較語言學的研究 ， 且在丹王費特力六世的獎助下，從 1818 年開始遠赴歐陸及非洲各國搜集有關民族的語言資料，達六年半之久。歸國後以多國文字發表其研究報告 ， 頗受國際學術界重視 。 1825 年被聘任為亞洲文學史教授 ， 翌年發表 《古代波斯文的年代及其真實性考證》 (*Om Zendsprogets og Zendavestas Ælde og Ægthed*, 1826) 及 《丹麥語正音解字》(*Dansk Retskrivningslære*, 1826)，更被譽為經典著作，旋被選為斯堪地納維亞考古學會會長，並於 1831 年起擔任東方語言學的講座教授。

　　他的同窗潘德生 (Niels Matthias Petersen, 1791–1862) 也從事比較語言學的研究，曾出版：《丹麥上古史》(*Danmarks Historie*, 1834–1838)、《冰島人在故鄉及海外》(*Historiske Fortællinger om Islændernes Færd bjemme ogude*, 1839–1844)、《斯堪地納維亞之神話》 (*Nordisk Mythologi*, 1849) 和 《丹麥文學史》 (*Bidragtil den Danske Literaturs Historie*, 1853–1861) 等著作，於 1845 年起擔任斯堪地納維亞學的講座教授。他那浪漫主義的熱情，卻凝聚在主張統一斯堪地納維亞各國，以恢復古代北歐的光榮，甚至主張修正丹麥文以接近瑞典文，啟導了以後的「泛斯堪地納維亞運動」，可謂是今天北歐五國合作的先導。

　　當時還有許多學者投身於考古行列，其中最著名的是布朗斯丹 (Peter Oluf Brøndsted, 1780–1842)，他曾遊學法、德，任職教廷，與德國考古學家史泰客貝 (Otto Magnus von Stackelberg, 1786–1837) 同赴希臘考證太陽神廟歷史而著名於世。他曾親身經歷拿坡里和兩西西里的暴動和希臘的獨立革命，脫險以後，居然還上書丹王費特力六世建議立憲，雖然未被斥免，但停發了薪水，他浪漫的愛國情操由此可得一證，其多采多姿的旅途記聞更傳誦於世。1832 年被任命為哥本哈根大學考古學教授兼皇家貨幣收藏室的主任。

　　綜觀以上所舉例證，面對拿破崙戰爭失敗以後的困境，丹麥朝野本著與十九世紀俱來的浪漫主義運動，以樂觀態度齊心努力，一方面推行國民教育，啟迪民智、提高國民素質；另一方面倡導科學研究，提昇國力、重振國威。戰後不到十年，經濟已經復甦。

大科學家歐士德等的研究發明又令舉世刮目相看，全國人心振奮。
1847 年舉行從哥本哈根至基爾 (Kiel) 的鐵路通車典禮，加強與歐
洲大陸的運輸，亦加速了境內工業革命的發展。同一年創設了國
家博物館，展示考古的成就，肯定民族文化的地位。

　　在艾格貝教授 (Christoffer Wilhelm Eckersberg, 1783–1853)
主持下的皇家藝術研究院 (Det Kongelige Danske Kunstakademi)，
也適時培養了許多藝術人才，如隆碧安 (Johan Thomas Lundbye,
1818–1848) 描畫故國山水，杜凡生 (Bertel Thorvaldsen, 1770–
1844) 雕塑民族英雄及基督聖像，均著名於世。其時，皇家歌劇
院則在布儂薇 (August Bournonville, 1805–1879) 的主持下，訓練
成出類拔萃的丹麥芭蕾舞團，足以與英、俄鼎足而立。被戰火焚

圖 29：雕塑家杜凡生

圖 30：隆碧安筆下的西蘭島景色

熮的市府、王宮及大主教堂等，在一群本土的建築師漢生
(Christian Frederik Hansen, 1756–1845) 等的規劃下，陸續改建完
成，這些「新哥德式」(Neo-gothic) 的建築，賦予丹京以浴火重生
的新氣象。等到具有「浪漫主義風格」的大學新校舍於 1836 年落
成時，丹麥已可昂然地邁入新的時代。因為從三十年代開始，又
產生了三位世界級的偉人：受到全球歡迎的童話家安徒生 (Hans
Christian Andersen, 1805–1875)、影響二十世紀思想的哲學家祁克
果 (Søren Aabye Kierkegaard, 1813–1855) 和成人教育之父葛隆
維。他們和科學家歐士德共同成為丹麥人在十九世紀的光榮和
驕傲。

Denmark

第 III 篇

航向新世紀的丹麥

第五章 *Chapter 5*

君主立憲的民主丹麥

第一節　第一次薛來斯威戰爭

　　維也納會議後的歐洲政治，雖籠罩在保守主義的氣氛下，強調正統，反對革命，以「協調」與「均勢」來維護梅特涅 (K. von Metternich, 1773–1859) 所建構的和平體系。但是一般民眾既受法國大革命期間「自由、平等、博愛」思想的激盪，又因英國工業革命後新興中產階級要求參政權的呼聲，仍然在各地與政府發生衝突。當法國的查理十世（Charles X, 1824–1830 在位）繼承其兄路易十八（Louis XVIII, 1814–1815.3, 1815.7–1824 在位）的王位後，因迷信君權神授且性情頑固，「寧可鋸木為生也不願為英國式君王」，乃倒行逆施地，乘法軍攻占阿爾及利亞 (Algeria) 之機會，頒布〈七月詔令〉(*July Ordinances*)，箝制輿論，限制選舉，改組國會，意欲恢復專制；然卻立即遭到全國民眾的反對，巴黎發生暴動而形成了 1830 年的革命。飛舞三色旗，高唱〈馬賽曲〉的群

圖 31：基士揚八世　　圖 32：費特力七世

眾，終於又推翻了波旁王朝，而改立奧爾良公爵路易腓力 (Louis
Philippe, duc d'Orleans, 1773–1850) 為王。這一次的「七月革命」
在法國建立了近似君主立憲的議會政制 (a Quasi-legitimate
Parliamentary Monarchy)，政權操縱在富有的中產階級手中（因選
舉權有納稅資格限制），內閣對國會負責而不對君主負責，新的國
王不是「法國國王」而是「法蘭西人的國王」(King of the
French)，天主教不復是國教而僅是大多數法蘭西人的宗教，三色
旗更替代了波旁王朝的白旗。

　　1830 年法國的七月革命，不僅促成了比利時的獨立與瑞士的
民主化，且其影響遍及歐洲各地。為了緩和革命的衝擊，費特力
六世於 1830 年詔令丹麥各省設置參議會，議員由擁有不動產的公
民選出，以訓練公民行使參政權，作為實施憲政的準備。費特力
六世還實施了最後一項仁政，便是於 1837 年下令禁止刑求，不准
拷打罪犯。他在內憂外患中為國家奮鬥了五十五年，於 1839 年崩

逝時，卻沒有留下子嗣，只能由當時年已五十五歲的侄子基士揚八世（Christian VIII, 1839–1848 在位）繼承王位。

　　基士揚八世接位後，由於國民義務教育的成功，民智日啟，經濟復甦，要求實施民主憲政的呼聲亦日益提高。聰明而英俊的國王沒有採取高壓的手段來抗拒，相反的，於 1841 年下詔訂頒〈地方自治實施法〉，准許各地民眾自行選舉地方政府首長，自行管理地方政府事務，使社會因之欣欣向榮，充滿了祥和繁榮的氣氛。在首都哥本哈根，1840 年興建杜凡生美術館，1843 年創建「梯浮里娛樂公園」（Tivoli Amusement Garden，美國迪士奈樂園即係仿此而建），1847 年創辦嘉士伯啤酒廠 (Carlsberg Brewery)，

圖 33：十九世紀末的梯浮里娛樂公園

同時開始建造輪船，擴展鐵路，人民生活也得以不斷改善。但他自己卻不幸地於 1848 年初薨逝。繼承王位的費特力七世（Frederik VII, 1848–1863 在位）是一位受過專業訓練的考古學家，但性情孤僻，沉湎酒色，並不孚眾望，接位時年已四十，離婚兩次，且和一位平民女子同居。他認為在舊石器時代的丹麥，存在食人風俗的立論，更無人加以相信。然而，當他舉行登基典禮以前，民眾於 1848 年 3 月 21 日在哥本哈根示威遊行，要求實施民主憲政時，他卻做了一個最佳決定：在基士揚宮 (Christiansborg Palace) 的陽臺上，痛快地立即答允，不像其他歐洲國家一樣地用武力去鎮壓。所以，丹麥沒有流血，未經戰爭，輕鬆地推翻了十七世紀以來的專制政體，和平地進入君主立憲的民主體制。

縱係如此，費特力七世仍須面對棘手的薛來斯威及霍爾斯坦問題，因為這一個聯合大公國面對的不是自由憲法問題，而是其隸屬於丹麥抑或歸併於德意志領邦同盟 (Deutscher Bund) 的問題。在歷史上，其大公不是丹麥的王子，便是日耳曼的諸侯；在文化上，北部的薛來斯威說丹麥話，南部的霍爾斯坦則習慣於說德國話；在法制上，原本適用丹麥法律，但在 1815 年德意志領邦同盟成立後，霍爾斯坦又應邀參加。依據德意志的法律，唯有男子才能繼承王位或侯爵，但丹麥的繼承法則允許女子亦可封王襲爵。基士揚八世在位時，曾於 1846 年發表公開信，聲明丹麥法律適用於薛來斯威。迨至 1848 年制訂憲法時，費特力七世循例宣布行憲範圍包括薛來斯威及霍爾斯坦聯合公國，但卻立即引起德裔

民眾的強烈反對，相反地要求把聯合公國包括薛來斯威一起併入德意志領邦同盟。丹麥乃派兵鎮壓，德裔民眾更一不做二不休地在基爾成立臨時政府，起兵反抗並向法蘭克福的德意志帝國議會 (Bundestag) 求援。普魯士乃應邀出兵，而與丹麥爆發了丹麥史上所稱第一次薛來斯威戰爭 (The First Schleswig War, 1848–1850)。

　　其時，丹麥民智已開，不僅青少年均已接受國民教育而勇於獻身報國；並且農民們亦因為參加了「民眾高等學校」(Folkhøjskole) 用丹麥文學習丹麥文化，而感到有維護自己民族傳統的天職；所以一聽到德軍入侵的消息，立即自動請纓，紛起抗敵。士氣如虹地連打了幾場硬仗以後，終於在 1849 年的 7 月 6 日，以費特力齊亞要塞 (Fredericia) 為樞紐，集中優勢兵力打了一場漂亮的勝仗，震動了全歐。以勇敢善戰著名於世的普魯士軍隊，居然在丹麥吃了敗仗，不禁令人對英勇的丹麥人刮目相看。同時，普軍此次行動，有意改變 1815 年所確定的各國疆界，勢必破壞歐洲均勢，違背了維也納會議所確立的原則，也引起了列強的干涉，為防止戰禍擴大，英艦示威北海，俄軍陳兵東疆，局勢又一度緊張。1850 年英、法、俄、普、奧、瑞典和丹麥共同集會於倫敦，議定雙方停戰並保證薛來斯威和霍爾斯坦聯合大公國，雖由丹麥國王兼領爵位，但仍有其自治權利且不可加以分割。換言之，回復戰前現況，領土未有增減。然而，戰後在丹麥，自由主義的思想愈益彌漫，人民至上的呼聲也響入雲霄，在費特力齊亞所建勝利紀念碑，亦不同於以往之為君王或元帥的塑像，而係無名英雄所象徵的農民軍隊塑像。丹麥在事實上，已經和平地接受了 1848

年的革命精神，不僅有葛隆維等賢哲在朝努力建構憲制，奠定民
主基礎，並且有安徒生和祁克果等大師在民間傳布文化、提昇人
性，促成社會的更新。真要瞭解現代化的丹麥，亦就必須先認識
這幾位「天才」的思想與事功。

第二節　葛隆維與丹麥的立憲運動

　　歐洲歷史顯示了無數「時勢造英雄」的例子，但亦在在證明
了「英雄創造時代」的事實。丹麥之所以能和平而順利地，早在
十九世紀中葉，沒有流血，未經革命，便進入君主立憲的民主時
代，便是因為當時的丹麥，已經有了幾位創造時代的偉大人物，
他們鼓動時勢，教育民眾，已經做好了立憲的準備，只等待甫接
任王位的費特力七世在王宮陽臺上，向全體國民作君子一諾。這
許多偉人中最重要的便是葛隆維。他出生於偏僻的鄉村，自幼與
農民生活在一起，並且在敬虔信神的母教中長大。他相信人是照
著神的形象被造的，並且每一個人，不論貴族或平民，地主或農
民都有神生命的種子在心靈中。基督不僅為神子而且為人子，道
成肉身以後更帶著人性。人不僅貴為萬物之靈，而且如同上帝為
宇宙中的自由意志，可因相信神長子（基督）的福音而成為神的
眾子。人性可以向上發展成神性而彰顯上帝的榮耀。因此他終身
為 "Folkelighed" 而奮鬥。這一個丹麥詞語，非常不易用其他文字
來翻譯，在英、德文的書籍中都直接引用，因為它不僅是指「人
民的」或「民眾的」，而且與「基督徒的」意義相通。其意涵要強

調是「自由而平等之人的」，為求
清楚明白，或許可以意譯為：「人
民至上，自由第一。」葛隆維在
宗教上，主張建立自由的教會，
教區信徒可以自由選擇他們的牧
師，平信徒要與教士（聖品階級）
共同參與教會事務。在教育上，
主張自由的教育，民眾有權自發
自動來辦理自己的學校，自由地
學習自己生活所需的知能和興趣

圖 34：葛隆維

所在的藝術。在經濟上，主張自由的經濟，人民有權選擇自己喜
歡的行業，亦可自組合作社來經營生產與從事貿易，不受行會的
控制。在政治上，他更主張制訂憲法，由民眾自己選舉代議士，
與國王共同治理國家。葛隆維以上的主張以及當代其他賢哲類似
的意見，經由學校教育、媒體傳播及宗教活動等多方面的配合，
逐漸形成社會的共識，而奠定了丹麥實施君主立憲的民主政治之
基礎。很多丹麥的史學家表示，如果沒有葛隆維，丹麥將是另外
一個樣子。到底葛隆維是位怎樣的人？他為丹麥創造了怎樣的歷
史？值得我們作進一步的探討。

　　葛隆維 1783 年 9 月 8 日出生於丹麥璽蘭島的一個小鄉村 ：
Udby （字義為城外）， 父親是丹麥信義會的牧師約翰 (Johan
Ottson Grundtvig, 1734–1813)，母親凱薩琳 (Cathrine Marie Bang-
Grundtvig, 1748–1822)，亦系出於一個著名牧師的家庭。大哥二哥

接受呼召到非洲幾尼亞去傳福音，而在那裡殉道；三哥則留在鄉下當牧師。葛隆維四歲開始認字後，便非常喜歡閱讀，甚至被人喚做「書呆子」。六歲入學，每日必看《貝林時報》，並且在國民學校期間，便讀完了導師斐德 (Pastor Laurids Feld, 1750–1803) 家中所有的藏書。同時他也非常關心時事，經常與師長及同學討論歐洲所發生的大事，最感興趣的是有關法國大革命的報導。

　　十五歲時 (1798)，葛隆維到日德蘭半島歐胡市的主教學堂去求學。這所著名的文法高中，以拉丁文教學，升學率極高，終日死背死記，留給他很壞的印象，甚至稱它為：「黑暗學校」。兩年後他便以優越成績通過了高中畢業會考，但也開始產生改革教育的動機。想要廢除這種製造背誦機器和培養無用書生的舊教育，而創辦生動活潑地學習生活知能的新學校。

　　葛隆維於 1800 年進入哥本哈根大學攻讀神學。他醉心於閱讀啟蒙時代賀爾貝的文學作品，亦傾聽了他表哥施梯奮有關於浪漫主義思想的演講 ；然卻無法苟同神學家克勞生 (Henrik Nicolai Clausen, 1793–1877) 上課時所授，把《聖經》當作歷史文獻的見解。1803 年 10 月，他雖以極優成績考取了神學碩士學位，卻沒有一個教堂願意聘他，因為他年紀太小，只有二十歲。迫於生活，他只能在 1805 年的春天離開丹京，遠赴冷岩島 (Langeland) 一位地主家中當家庭教師，在那裡發生了沒有結果的初戀——愛上了他任教的七歲幼童的母親。溫柔而美麗的家長溫暖了他受盡冷落和歧視的心房；經常孤獨地守著漫長寒夜的浪子，又能重享快樂和睦的家庭氣氛。迄今仍被保存的日記中，記載著年輕的葛隆維

如何陶醉於康絲汀夫人 (Frau Constance Steensen-Leth, ?–?) 美妙的琴音，而編織起柏拉圖式的羅曼蒂克的美夢。這段詩樣美麗的生活，使他想起了施梯奮的講演，並且開始研讀菲希特及謝林的哲學。更領悟到美術和音樂等藝術，可以美化人生、淨化人生，使人掌握到存在的意義，但唯有詩歌才能引領人經過心靈深處，進入那更高的、內在的、永存的存在之中。由此證明葛隆維也已隨著丹麥浪漫主義的潮流而前進，但是由於他自幼所受敬虔主義的教養，不願局限於自私的小我，而嚮往著不朽的大我，故努力昇華自己，用意志力來戰勝情感，經「反我」而「超我」，企圖征服現世來追求永世。詩樣人生固然美麗，但啟示神旨天意的篇章，更能引人進入天國，使人得到像保羅所云：「從敗壞的奴役得著釋放，得享神兒女之榮耀的自由。」（〈羅馬書〉八章二十一節）自此以後，葛隆維不斷從事讚美詩的創作，流傳至今的總數在一千四百首以上，被收納於今日《丹麥信義會詩歌集》(Den Danske Salmebog) 中的有二百七十一首，藉著這些篇章，他迄今仍與丹麥人同活。

　　1806 年夏天，葛隆維讀到了丹麥第一位浪漫主義文學大師歐倫雪蘭閣的詩集，並受赫德歷史哲學的影響，重新激發他研究民族傳統文化的志趣。在冷岩島埋首北歐古籍，潛心發掘維金英雄歷史的努力，不僅使他得以將兒女私情昇華為對民族的大愛，並且其研究成果更成為以後返回哥本哈根時，創業立萬，重新出發的憑藉。當 1807 年英軍襲擊丹京的消息傳到鄉下時，愛國熱情使葛隆維和其他知識青年一樣，發出了投筆從戎保衛家鄉，反抗英

軍侵略的呼聲。在向時常邀請他去講道的當地駐軍之演講中強調：
「恢復維金英雄光榮的大時代已經來臨！」遂即束裝北上，返故
鄉與父母小聚後，於 1808 年 5 月再到哥本哈根。寄住於免費的華
艮學院（Valkendorffs Kollegium，為獎勵清寒的年輕學人之基金
會所設之學舍），並到修本中學 (Schonboeschen Institut) 去兼課。
勉可糊口以後，便集中精力整理出版其研讀北歐古代史籍的心得。
盼望丹麥國民因認識自己的民族歷史而恢復民族精神。首先出版
的是《北歐神話》(*Nordens Mythologi*, 1808)。他一生專注於世界
歷史，包括《世界編年史的簡要概念》(*Kort Begreb af Verdens
Krønike i Sammenhæng*, 1812) 和分三部份出版的《世界歷史手冊》
(*Haandbog i Verdens-Historien*, 1833–1856)。他也發表許多羅曼蒂
克的散文和詩歌，和討論歐倫雪蘭閣文章中的鮑都（太陽神）及
法雅（愛情女神）等問題，由於其文筆生動，風行一時，頗受當
時年輕知識分子的肯定。當然，他念念不忘的是根據他所受神學
教育及靈性修養，要表達他對於宗教生活的看法，而曾出版《宗
教與儀禮》、《基督與人類歷史》等。其中一方面堅持基督教的正
統，立基於上帝的啟示而拒絕了泛神論和同一哲學；另一方面卻
從整個人類歷史的研究中，發現處處時時均有上帝的主宰和安排，
「我們生活、行動、存留都在於祂。」（〈使徒行傳〉十七章二十
八節）即使在北歐原始宗教生活中，有關奧定及其他天使傳說背
後，也仍有上帝的旨意和主宰的安排。

　　經過了多方努力，他的求職申請，終於有了正面的答覆。葛
隆維於 1810 年 3 月被安排作一次按立牧師職務之前的「試講」

(Probepredigt)，這次講道，他誠實地表達了內心深處的信仰：「神是靈，敬拜祂的，必須在靈和真實裡敬拜。」(〈約翰福音〉四章二十四節) 神更是藉著生命的靈，即時的話來引導信徒，原始的教會便是如此滿有生命與活力，裡面有聖靈充滿，外面有聖靈的澆灌。然而，當時的國家教會卻已經把真理變成教條，信仰變成儀式；不僅教會生活死氣沉沉，而且信徒被迫在永刑的威迫下，勉強遵守誡命中律法的規條。沒有活潑、自由的聖靈交通，當然也根本聽不到主耶穌的話，亦無法享受父神的大愛。他那鏗鏘有力的講演，頗受會眾歡迎，贏得了無數熱烈掌聲。但這篇以革新教會生活為主題的講詞——《為什麼在教會中聽不到主耶穌的話？》(*"Hvi er Herrens Ord forsvundet af Hans Huus?"*) 正式出版時，卻立即遭受到哥本哈根宗教界保守人士的圍剿，他想留在首都任職的願望因之被封殺。葛隆維只好無奈地於次年春天返回故鄉，做他爸爸的助理牧師。縱係如此，那些以克勞生為宗師的「理性主義神學家」，連同用宗教來斂財干祿的聖品階級們，都無法容忍「以活的信仰來代替死的教條」之主張，並且嫉妒他博學多才、能文善辯，而不斷打壓。1813 年葛隆維的父親逝世時，他循例申請繼承父職，居然未被批准，使他進一步認識國家教會人事的黑暗與腐敗，激發他接受內心深處呼召，負起改革教會使命的勇氣。環境既已走到絕路，連退守鄉下都不可能。只好重新鼓起勇氣，於 1815 年再度進軍哥本哈根。

再返丹京，他首先發行《教化》(*Danne Virke*) 雜誌，討論馬丁‧路德改教的原意，並出版《講道集》(*Bibelske Prædikener*,

1816)，說明《聖經》的真理與神生命的光照；指責克勞生為錯誤的教師，沒有屬靈光照的字句詮釋，無法引領人進入真實的信仰和享受主耶穌的救恩。雖未被允准在教堂中講道，卻應邀在各種不同的聚會中演講，呼籲教會生活的革新，號召信徒與救主團契，以經歷聖靈的交通與認識父神的大愛；同時發表許多動人心弦的讚美新詩。漸漸地結合了許多擁護他的群眾，其中有很多年輕的知識分子及優秀學者。1818 年起，陸續出版了他所翻譯的三部書：

1. 剎諾 (Snorri Sturluson, 1179–1241) 的 《北歐列王志》(*Norges Konge-Krønike*, 1818–1822)。

2. 薩克斯的《丹麥史紀年》(*Danmarks Krønike*, 1818–1822)。

3. 長篇敘事史詩《皮沃夫英雄之歌》(*Bjowulf's Drape*, 1820)。

不僅深入淺出，生動地從三個不同方面闡揚古代北歐的光榮歷史，贏得不少讀者共鳴，成為當時的暢銷書；而且借古喻今，指明人常墮落，神來復興的例證，支持其改革教會、復興民族的主張。同時亦顯露了葛隆維在這三種古文：魯尼、拉丁及古薩克遜文的傑出造詣，引起丹麥國王的注意。在費特力六世的支持下，葛隆維終得突破宗教領袖們的阻撓，在 1812 年被任命為普呂瑞 (Prøstø) 鄉村教堂的牧師，且立即於翌年調任首都救世主教堂 (Vor Frelser)。但是 1825 年與克勞生的一場筆墨官司，由於有八十八位神學碩士連署支持克氏，使葛隆維被判決停止牧師職務，其所有作品，非經警察局審查通過，不准出版。在這一困難的情況下，丹王再度伸出援手，獎助他於 1829 年起到英國進修三年。

自 1689 年光榮革命以來，英國已建立了君主立憲和責任內閣

的制度，並且有君主「統而不治」的傳統，是十九世紀歐洲政治的模範國。雖然政權的基礎仍很狹窄，但不斷回應民間的呼籲而改革國會及政經措施以推動社會進步。尤其在 1830 年受到法國七月革命的衝擊，長期在野的惠格黨 (The Whigs) 終於替代托利黨 (The Tories) 而執政，政權輪替以後，以擴大選舉權與合理調整相關措施的英國國會改革乃得以積極推展，終於在 1832 年通過了〈改革法案〉(Reform Bill)，未經流血革命而奠定良好的政治生活基礎，創造了維多利亞女王（Queen Victoria, 1837–1901 在位）中道統治 (Victorian Compromise) 的盛世。葛隆維恰於此一期間，在英國親身體驗了議會中的君子之爭，和民間自由而開放的輿論；使他深深感到：要建立獨立而自由的丹麥，必須效法英國君主立憲式的議會政治，學習不列顛人民的自由主義。所以，赴英國進修，不僅使他利用倫敦官方文獻，充實了北歐古代史研究的內容，更重要的，首先是立定了推動丹麥立憲運動的決心。他已經不單是教會改革者，而且是政治改革者。其次，他陶醉於三一學院的校園生活，想引進牛津、劍橋的導師制度，讓大學生一律住校，在宿舍生活中獲得春風化雨的陶冶。他開始呼籲教育改革。認為英國民主政治的成功，是立基於英國式學校教育的成功。1832 年返國後，他立即倡議制憲，並為文強調「憲政之成敗，繫於民主法治教育之是否成功。如徒有憲政知識，而無公而忘私，一心謀求全民福利之修養，則議員可能變成惡獸，國會或許帶來災禍。為避免法國大革命後反而形成恐怖統治之覆轍，預備立憲必須先推行新式的教育，提高全國公民的素質，並培養合格的議員與官

吏」。具體的建議是利用樹祿學院舊址，創辦一所完全不同於哥本哈根大學的新式高等學校。這所學校應該容納不同職業及不同階級人民的子弟，以鎔鑄屬於全民的「丹麥精神」(Dänentum)。根據他寫給丹王的奏章所述，這所擬議中的新樹祿學院，必須廢除入學及畢業考試，讓全民（尤其是農民）都可自由入學；用丹麥文教學（當時其他大學都用拉丁文），課程應包括丹麥歷史、丹麥民歌、丹麥地理及丹麥憲法。上課的方式，要以討論代替講演，研究代替背誦。更重要的是師生要住宿在一起共同生活，學校的董事由學生選舉產生。這個建議雖曾引起國王的興趣和公眾的注意，但毋庸諱言的，立即遭受保守的大學教授之反對與宗教及文化部的封殺。

受到法國 1830 年七月革命的衝擊，歐洲彌漫著自由主義的空氣，各國政府紛紛改採開明措施。葛隆維所受文字獄的束縛終得解禁，所編丹麥文《讚美詩集》(*Sang-Værk til den Danske Kirke*) 在 1837 年正式出版後，迅速廣被各教堂使用，以代替聽不懂的拉丁文歌本。1838 年發表其著名演講：〈生活學校〉(*Skolen for Livet*) 及〈人性思考〉(*Menschengedenken*)，明白提出改革教育與改革宗教的主張。認為民族精神核心的「丹麥魂」，可以用 "folkelighed" 這個丹麥字來表達。它是指自由平等的丹麥人，也是指敬天愛人的基督人。耶穌基督有神性也有人性。必須先經由以生活為中心的活學校，培養出能自由創造，自強不息的自由人；才能經由聖靈的光照與引導，自主地信仰救主，直接地與神交通，靠主常常喜樂而彰顯上帝的榮耀。這種新思想經由學術討論與媒

體傳播，逐漸引起有識之士的共鳴。

　　素來愛護他的丹王基士揚八世於 1839 年登基後，葛隆維乃被派任職首都華托醫院附設教堂 (Hospitalskirche von Vartov) 的牧師，首度獲得固定的薪水來安定全家的生活。更重要的是有固定的舞臺，可以從事啟迪民智、推動立憲的工作，因此收到了更大的迴響。在具體的政治主張方面，他贊成君主立憲而反對改制共和，因為國民尚未成熟到可以完全掌握政權、治理國家，多數決的議會政治之現實，往往無能地損害民眾利益，所以要用王權來平衡國會，更要用教育提昇國民的素質和喚醒公民的政治智慧。他擁護及促成 1841 年開始實施的地方自治，因為早在維金時代便建立了各部族的民主制度，非常符合丹麥的民族傳統。何況地方自治的成功，亦就是全國憲政的礎石與保證。

　　改建樹祿學院為全民大學的計劃，雖未被政府接受，但卻深深影響了教育界的有識之士。首先響應葛隆維教育改革主張的是基爾大學丹麥籍教授福魯 (Christian Flar, 1792–1874)，他放棄了大學中的教職，於 1844 年到與日耳曼有長期族群衝突的薛來斯威邦，在小鎮呂亭 (Rødding) 創辦了第一所 「民眾高等學校」 (Folkhøjskole)，響應葛隆維 「給成人教育機會」 的呼籲，招收了二十二位農村青年，來實驗 「生活中心學校」 的理想。老師和學生都寄宿在一起，用丹麥語講丹麥史、吟丹麥詩、唱丹麥歌，以喚起丹麥魂。由於他們的學習動機較強、理解能力較優、講故事又較背誦教條及文法規則容易引起學生的興趣，所以學習效果更為顯著，證明了學習的黃金時期不是只有兒童時期，青年時期亦

有更大的學習可能。尤其是為了準備憲政而實施的公民教育，更以這種以青年農民為對象的民眾高等學校最為直接有效。當 1848 年革命風潮席捲各地之時，葛隆維認為「人民世紀」已經來臨，同年 3 月，費特力七世允准民眾立憲的要求，並於登基後立即下詔制訂憲法；葛隆維被遴選為制憲會議議員，更積極地投身於憲政工作。翌年，當選第一屆國會的下院議員。在國會任職的十年中，他不僅為建立自由的教會、自由的學校、自由的經濟而竭力奮鬥，並且他也是廣大農民之代言人，反對把稅捐負擔及兵役義務單單壓在農民身上，激烈地主張擴大稅基及建立公平的，不論貴族和平民、地主和農民人人都要當兵的徵兵制度。配合《丹麥人》(*Danskeren*) 週刊不斷地凝聚民意，「民眾高等學校」源源不絕地供應民主鬥士，丹麥的民主政治乃能在和平中加快腳步，迅速地成為君主立憲國家的模範。由於他們的無私和廉潔，葛隆維和起草丹麥第一部憲法的孟樂 (Ditlev Gothard Monrad, 1811–1887) 同被認為「國會的良心」，雖然他倆的政策，尤其在文教方面，並不完全相同，但卻受到同僚及人民的同樣尊敬。

　　丹麥在第一次薛來斯威戰爭中，所以能打敗兵強馬壯的普魯士，有識之士也曾歸功於「民眾高等學校」之喚起民族精神、凝聚全民力量。故 1864 年又為薛來斯威問題與德、奧開戰後，設立葛隆維式的民眾高等學校，變成了時代的潮流，風起雲湧地在兩年內便增設了二十五所。但是，事實上葛隆維固然反對外來的德意志政權侵占丹麥領土，卻並未要求將日耳曼人民所居住的區域丹麥化；相反的，他主張有關薛來斯威及霍爾斯坦兩邦的事務，

圖 35：孟樂　　　　　　　　圖 36：柯德

必須先徵得當地居民的同意。這種開明而寬廣的態度，才是後來
與德國共同和平解決薛來斯威問題的基礎。至於丹麥的民眾高等
學校之能對內有機地形成生動活潑之教學，且能對外擴及北歐，
遠播德、英而影響世界，則亦是因為產生了一位能把葛隆維成人
教育思想轉化為實際行動的教育家柯德 (Christien Kold, 1816–
1870)。同時，不容我們忽視的是，民眾高等學校所陶冶的民主生
活，所訓練的參政能力，以及因之孳生的同窗情誼，不僅培養了
地方上的政治新秀和意見領袖，而且更促成了鄉村合作社運動，
奠定了丹麥農村經濟繁榮進步的基礎。

　　1861 年，葛隆維七十八歲時，被冊封為主教；1863 年八十歲
時，贊成他主張、追隨他理念的人士組成了協會；且於 1866 年修
憲時，為了貫徹他的理念和主張，正式成立了自由黨（Venstre，

原義為左派，是以農民為基礎的自由主義者的結合)，迄今仍活躍
於丹麥的政壇。他亦以八十三歲的高齡被遴選為國會上議院的議
員，直至 1872 年 9 月 1 日八十九歲逝世時為止，他始終直言不
諱、創作不輟，為「自由」與「人民」奮鬥的信念，且愈過愈清
楚明白，愈來愈堅定不移。

為了紀念他對丹麥的貢獻，當地民眾花了二十年時間 (1920–
1940) 建成了葛隆維紀念教堂。外型簡單，猶如鄉村教堂，鐘樓
好像一座巨大的管風琴，但是周圍卻團團圍著一個平民社區，其
中包括了兒童與成人都可就讀的學校、辦理經濟互助的合作社、
提供公眾集會與育樂活動的會堂，以及各種社會福利機構如醫院、
托兒所、養老院等。在這裡，「人民至上，自由第一」的葛隆維主
義，具體而微地呈顯在公眾面前。在平凡的人性中，蘊藏著基督
聖潔的神性。在樸實的建築中，你可以透過丹麥精神來找到「丹
麥魂」，這才是生生不息地創造美麗丹麥之動力。

第三節　安徒生童話普及全球

丹麥之所以能在十九世紀後半期，便順利地從黑暗的專制時
代進入光明的民主憲政時代，不僅是由於覺醒的知識分子所領導
的學生運動及農民運動，能及時配合新興中產階級參政的要求與
1848 年歐洲的革命風潮，提出了立憲的主張；而且新接王位的基
士揚八世又識時務地俯允了民意，避免流血和暴力，讓丹麥和平
地邁向民主自由的大道；但更重要的則是，當時的丹麥社會，由

於 1814 年推行義務教育以來，民
智已開；三十餘年的和平教化，使
人人都能讀和寫，獲得了追求知識
的工具；人人都開始自由地思想，
認識了人性價值的地位，懂得如何
有尊嚴、有氣質地參與公共事務的
管理，分享國王原來獨掌的政權。
換言之，當時的丹麥社會已開始逐
漸具備實施民主憲政的知識條件。
安徒生的童話，便是促進丹麥社會

圖 37：安徒生

進步，提昇丹麥民眾文化水準的一種重要力量；而其一生由醜小
鴨變天鵝的故事，亦正是丹麥社會由封建無知，蛻變成適於綻開
民主花朵的開明社會之縮影，所以值得我們進一步來探討。

　　安徒生出生於丹麥中部芬島上的歐恩寨，時當拿破崙戰爭期
間。父為鞋匠漢斯 (Hans Andersen, 1782–1816)，因未取得師父資
格，依照當時行會規矩，不能獨立營業，僅靠微薄的打工收入，
生活貧苦。母安妮 (Anne Marie Andersdatter, 1775–1833) 曾為傭
人，終身洗衣維生。祖父佃農出身，為弱智老人；可愛的祖母則
有詐欺前科。在自傳中，安徒生描寫他幼時全家起居生活和父親
的工作，全部擠在一間小屋中，只有門上掛著一幅風景畫，引領
他進入藝術世界。平時嬉戲於樹林，節日唱遊於街上，是他幼時
美麗的回憶。他們屬於社會的低層，過的是當時一般平民的生活，
但父親漢斯喜歡讀書，常把看過的賀爾貝的喜劇和〈一千零一夜〉

(*One Thousand and One Nights*) 等故事講給安徒生聽，生性內向，缺乏玩伴的他也就以自製的木偶和衣服，關在家中照著故事情節玩起布袋戲來。不識字的母親和外婆，因孩子的伶俐乖巧寄以很大希望。有一次他隨著母親及鄰居到田中拾取麥穗，地主的管家用鞭子驅趕他們時，安徒生勇敢地責問：「憑什麼鞭打我？上帝正在看！」管家聽後立刻改變態度，送給他一毛錢並詢問孩子的姓名。他母親為此驕傲，認為這孩子將來一定有出息。把他提早在五歲時便送到私塾去學習讀和寫，但因受不了戒尺下的打罵教育而轉學到猶太人的小學去就讀。為了擺脫同學們的歧視和嘲笑，他開始講自己的故事，幻想那些天使對他所說與帶他所做的事。因學校停辦而於 1811 年再轉學到一間平民學校；由於他留心看教堂中的壁畫而熟悉摩西和亞伯拉罕的故事，故蒙老師喜愛卻遭同學敵視。他很少上街和同學們一起遊蕩，而經常自閉在家中讀書禱告。1812 年他父親漢斯接受了一筆贍家費而代替一位富有的農民去當兵，盼能在他崇拜的拿破崙領導下，去攻打砲轟丹麥的英軍，匆匆吻別了正在出痲疹的安徒生而走上戰場。但是民軍剛到霍爾斯坦，便因和議已定而解散，於 1814 年返鄉重新拿起修鞋工具。雖然連拿破崙的面也未見過，但自戰場回來以後，漢斯便滔滔不絕地樂道如何接受拿破崙的命令以作戰的故事。於此也可發現，當時歐洲的老百姓，已確為「自由、平等、博愛」的口號所瘋狂。老漢斯回家才兩年，便於 1816 年 4 月病重而亡，留下了十一歲的安徒生，在貧困的環境中艱苦奮鬥。

安徒生自幼鍾情於戲劇，七歲第一次看戲，回家後便在鏡子

前模倣劇中人「多瑙姑娘」的動作，其後便開始收集劇目單與說明書，並在每一次看戲時設法記誦臺詞，歸後複述。鄰居彭凱馥 (Bunkeflod) 小姐和她的妹妹——一位無名詩人的遺孀，看到他聰明可愛，准他借閱所藏小說與劇本，但條件是要他當眾朗誦這些作品，並期許他將來可以當作家，當詩人（丹文 Digter，既指詩人，也稱作家）。才十歲大的安徒生真的寫了一個劇本：《阿伯與愛薇》(Abor og Elvira)，當然難免荒腔走板，受盡鄰居孩子們的嘲笑，只有母親仍然安慰並鼓勵他，而開始閱讀莎士比亞的丹文譯本。他又深被王室的故事所吸引，當費特力六世於 1818 年巡訪歐恩塞時，安徒生還爬到城牆上去觀看行進的隊伍。迫於生活，十三歲的他被送到毛巾工廠去當學徒，休息時他天真地唱起歌來，卻被同僚惡作劇地指他唱女高音，一定是女生化裝，硬要脫褲查驗，只能哭著逃回家去，而轉到一間小型的煙草工廠去當學徒。在那裡，同事們倒蠻喜歡聽他的歌聲。依照信義教會的傳統，信徒在接受堅信禮前，必須先經成全訓練。當地克諾德教堂 (St. Knuds Kirche) 的成全訓練分作兩班。主任牧師鐵登 (Propst Tetens, ?–?) 負責貴族和地主子弟的訓練，助理牧師費培 (Kaplan Viberg, ?–?) 則訓練一般平民子弟。自尊心極強的安徒生卻勇敢地申請到鐵登的班上去受訓，雖被接納卻受盡歧視，在自傳中他記載：「甚至為了晚上朗誦賀爾貝劇中的臺詞而被申斥，且威脅說，如果不在家好好做功課，便即退訓。」由上可見十九世紀的丹麥社會是如何的不平等，對於一個有才氣的青少年是何等的壓迫與封殺。幸虧安徒生天生有一股永不屈服的傻勁，憑著不識字的母

親所傳給他的信心，常能衝破網羅，幸運地航向目標。1819 年 4 月 18 日，安徒生終於順利地在十四歲完成了堅信禮，自信已經虔敬地皈依基督，必可靠著神的恩典走人生的道路。當時他的願望是到哥本哈根去學戲，憑著他演戲與歌唱的才華，有朝一日終能成為國家劇院的演員。然而當他只帶著十三塊銀元（做學徒時省吃儉用儲蓄所得）及一卷破行李（母親所準備的）渡海來到丹京時，卻因其貌不揚，被認為不適合舞臺演出；聲音雖美，但缺乏外語能力，不易培養成歌手；身材瘦弱，也缺乏跳芭蕾舞的潛能，因而被拒於劇院門外。幸蒙同情他境遇和志氣的好心人士如作曲家魏才 (Christoph Ernst Friedrich Weyse, 1774–1842)、同鄉作家顧培 (Frederik Høegh-Guldberg, 1771–1852) 等先後募款救濟，才能勉強度活並補習德文。生活雖然困頓，他對於戲曲的興趣卻始終沒有改變，千方百計地要進入國家劇院學習。一年後，總算得到芭蕾舞星戴林 (Carl Dahlén, 1770–1851) 的注意，讓這位異常的少年進入他所主持的芭蕾舞學校學習。安徒生因此可以出入國家劇院的後臺，並免費觀賞演出。藉此機會，他更不顧別人揶揄，爭取各種在舞臺打雜或跑龍套的機會。每天散工回家，還躲在床上（因為所租陋室既沒窗戶，也沒有桌椅）勤讀從大學圖書館中借來的書籍。安徒生在回憶錄中記載，他十六歲時，「1821 年 4 月 21 日是一個偉大的日子」，因為芭蕾舞演出節目表上登載了他的名字。「看起來是那樣的耀目，那樣的不朽，我忍不住緊握著節目表睡覺。那是何等的幸運！」同年 5 月，他又被選為國家劇院合唱團的團員，得暇並試著撰寫劇本，雖情節生動，但文字拙劣，

常犯文法的錯誤。雖然如此發憤努力，但是仍然沒有正式薪俸，而賴以維生的捐款又將用罄，為他籌款的顧培教授更責備他沒有好好用功學習拉丁文及文法，使他羞愧得幾乎投河自盡。其劇作在《豎琴月刊》(*Die Harfe*) 陸續發表後，卻引起了國家劇院董事之一的柯林 (Jonas Collin, 1776–1861) 的注意，為了培養這一位富於潛能又刻苦奮鬥的青年，募集了一筆獎學金送他到斯來才中學 (Lateinschule in Slagelse) 去就讀，俾能從頭培養文化基礎。1822年10月安徒生入學時年已十七歲，要與那些十一歲的二年級孩子同班上課，且其不僅缺乏希臘及拉丁文的基礎，甚至對幾何與地理也一竅不通，致常被同學戲弄，自不在話下。幸任課老師對他還算關愛，他寫詩作文的能力也受到讚譽，平安地度過了三年半勤學苦修的日子。1826年5月隨著校長麥斯林 (Simon Meisling, 1787–1856) 轉學海星庵中學以後，卻由於麥氏頭腦冬烘，迫其死背古文，而不准其活用現代方言來創作；並且喜怒無常，嘲笑責怪，令安徒生在這個黑暗學校中生不如死。屢經請求，始蒙恩人柯林等同意，准其於1827年4月休學返哥本哈根，自行準備參加高中畢業會考。課餘他還常把詩作投稿到《快報》(*Flyvende Post*) 去發表，經由該刊主編赫貝 (Johan Ludvig, 1791–1860) 的介紹，認識了大科學家歐士德。他們兩人跟柯林一樣，以後不斷地支持及提攜安徒生。

1828年會考，安徒生幸運地通過了文學家歐倫雪蘭閣所主持的口試而進入哥本哈根大學攻讀文學；「成為作家，成為詩人」的美夢，終於可以成真。經過六年文法學校的嚴格訓練，又接受大

學中大師們的文化薰陶，安徒生終於可以在自由的氣氛中，充分
發揮創作能力。他開始把他那無窮的想像力，配以生活中深刻的
體驗，用人們可以接受的文學形式表達出來。自 1814 年推行國民
義務教育以來，經過了十四年的努力，丹麥全國民眾都已經學會
了讀書識字，都懂得閱讀欣賞，使圖書市場大大地擴大，尤其是
適合於一般平民大眾需求的書刊，更易於暢銷。安徒生的著作便
趕上這一股潮流。1829 年出版的 《阿瑪島漫遊記》 (*Fussreise
nach Amager*) 敘述年輕作家徒步漫遊阿瑪島時的奇遇，他遇到了
文學之神繆斯，看守天國鑰匙的彼得、波斯和瑪代大君亞哈隨魯
王及魔鬼化身的麥斯林校長等，憑其豐富的想像與幽默的筆法，
借幻說古地表達了少年時代所受的折磨與感受，但其中還預言了
科學知識將推動世界的進步，未來不僅可用望遠鏡及顯微鏡來觀
察萬物，而且將有飛船航行空中；頗受讀者歡迎，更替當時八股
流行、死氣沉沉的丹麥文壇注入了清新的氣息。所寫劇本《鐘樓
上 的 愛 情》 (*Kjærlighed paa Nicolai Taarn eller Hvad siger
Parterret*) 也於同年 4 月在國家劇院演出，更鼓舞了這位年輕作家
的信心。依照其所寫第一部自傳中的記載，安徒生當時正陶醉於
海涅 (Heinrich Heine, 1797–1856) 的作品，並謂其與司各脫
(Walter Scott, 1771–1832) 及霍夫曼 (E. T. A. Hoffmann, 1776–
1822) 是他一生最喜愛的文學家，是與他血肉相融的作家。1829
年 10 月，安徒生通過了哲學博士學位候選人的考試，主考官大科
學家歐士德口試時問他：「什麼是電磁原理？」他的答案竟然是：
「我在上你的化學課時，從未聽見過此一名詞。」只好考後登門

拜望這位發現電磁原理的大師，補上了一堂物理課。1830 年出版
了第一本詩集，並為撰寫有關基士揚二世的歷史小說，而到日德
蘭半島去考察遺跡。歸程經芬島的法堡 (Faaborg) 去拜望他大學同
窗福哥 (Christian Voigt, ?–?)，巧遇其妹麗褒 (Riborg Voigt, 1806–
1833)，她曾讀過安徒生所寫詩集及漫遊記，相談甚歡，引為知
己，答允在下一部的小說中，女主角的名字叫麗褒。事實上安徒
生已經深深愛上了她，但是他沒有勇氣說出來；不僅是因為麗褒
已經與他人訂婚，而且也因為他的自卑感，覺得配不上佳人。在
以後出版的書信與日記中，他招供：1831 年所出版的第二冊詩
集，其中每篇愛情的詩，都是獻給麗褒的愛，是寄給初戀情人的
無限愛思。安徒生 1875 年逝世後，被發現他旅行時掛於胸前的皮
夾內，仍珍藏著麗褒的一封情書，可見對她是何等的一往情深。

安徒生的作品暢銷時，也立即遭遇到保守的文評家們之抨擊，
說他不合邏輯，不通規矩，甚至還犯文法錯誤。自卑感原本很重
的安徒生，每次聽到這些苛刻的批評時，都非常痛苦，只能藉國
外旅行來昇華感情，這也是他以後成為旅行次數最多的歐洲作家
之原因。第一次旅行是 1831 年經漢堡、布朗薛威克
(Braunschweig)、哥斯拉 (Goslar) 等地到德意志文化中心的萊比
錫，再到德勒斯登 (Dresden) 拜會名作家蒂克 (Ludwig Tieck,
1773–1853)，到柏林拜會文學家加米索 (Adalbert von Chamisso,
1781–1838)。歸後他寫下了《旅行剪影》(Skyggebilleder, 1831)，
頗受好評，得以一洗受盡委屈的悶氣。1833 年他獲得皇家基金會
的獎學金到國外進修兩年。先到巴黎，欣賞了他父親所崇拜的拿

破崙在凡爾賽宮中的臥室，也見到了他自己所景仰的詩人海涅。看遍了在巴黎演出的歌劇與話劇，更使他傾倒於法國藝術的進步與生活的開放。接著到瑞士，在山中小屋靜心地寫出美麗的詩劇：《阿妮達與探海郎》(*Agnete und der Meermann*, 1833)。到義大利，得窺豐富的藝術寶藏，並且結識了籍隸丹麥的偉大雕塑家杜凡生。也就在這年聖誕節前夕，接到老母病逝的消息。路遙不及奔喪，更遺憾在外打拼而無法孝養。不識字的母親，不論寒暑都在河邊洗衣，每週二十四先令的工資讓她無法購買足夠的燒酒來禦寒，更不用說添裝買鞋。唯一的希望就是她那聰明的孩子，有一天會出人頭地，雖已不及親見，但臨終前仍相信上帝會成全。翌年夏天，安徒生在慕尼黑會見了哲學家謝林，到維也納結識了音樂家老約翰・斯特勞斯 (Johann Baptist Strauss, 1804–1849)，然後才在 8 月返抵丹京。旅行時所見、所聞、所想寫成了使他名揚全歐的小說：《吟遊詩人》(*Improvisatoren*)，1835 年出版後迅被譯成瑞典、俄羅斯、英、法、荷及捷克等國文字。

　　1835 年，安徒生三十歲，他的創作能力，無論是在詩歌劇本或是小說方面，都已被社會所肯定；但是他卻面臨了重大的抉擇：究竟要為誰而寫？要用什麼型式來表達？在其致友人韓格 (Henriette Hanck, 1807–1846) 函中說：「我要開始寫童話，為我們的下一代而努力。」他回憶自己寂寞而悲慘的童年，要幫助孩子們都能擺脫現實生活的夢魘，努力向上，追求真善美的生活理想。他在寫給樹祿學院文學教授英格曼 (Bernhard Severin Ingemann, 1789–1862) 的信中還說：「我要用一種新的方式來表達，就好像

對兒童講故事一樣。」大科學家歐士德讀完了他的《童話》第一集 (*Eventyr, fortalte for Børn*, 1835) 後，對安徒生說：「《吟遊詩人》為你贏得了榮譽，這些童話則將使你成為不朽！」預言果然成真。安徒生在其後的三十八年間（至逝世前兩年的 1873）總共發表了一百六十四篇童話；不僅受到丹麥孩子們的歡迎，而且獲得其他各國小朋友們更大的喜愛。迄今為止，已譯成百餘種的語文，而且本本暢銷。安徒生的童話已經普及全球。

為什麼安徒生的童話得以不朽？因為篇篇表達人間至情，點出珍貴人性。回轉成小孩子的，才能到主耶穌身邊來。他引人歸樸返真地由童心看宇宙，不僅能以「偉大的同情」來「仁民」，並且用「齊物」的態度來「愛物」。基督有神性也有人性。動植物中有生命活力，礦物和機械也有神意安排。人之尊貴乃在其能自由地追求真理、承擔天命；因自強不息地更新變化，逐漸棄絕獸性、提昇人性而活出神性，終致萬物復歸於秩序，使神國建立於地上。在無數篇安徒生的童話中，都有他自己幼時受歧視、遭苦難的影子；但是他從來沒有因之孳生仇恨、鬥爭他人；相反的，他力圖以高貴的情操來超越人間的藩籬，化解人際的鴻溝，不論是宗教的、種族的、階級的或各種不同文化的。他始終以平等的態度對待眾生，經常對窮苦的兒童和農家的孩子講故事，也應邀到貴族、地主和文人雅士的府邸中去朗誦，甚至到希臘、威瑪、普魯士和俄羅斯等王宮中去作客。他的故事引領孩子們向上提昇，使苦難中的人們更有勇氣打拼，使困於現實的人士再聽見來世的福音。研究者認為安徒生純真的信仰所表達的對基督之主觀經歷，較葛

圖 38：為孩童朗誦童話的安徒生

隆維的神學研究、祁克果的哲學探討更能激起心靈的回響。而他所培育的全國民眾善良的人性,亦正是丹麥民主茁壯成長的沃壤。

　　綜觀安徒生一生由醜小鴨變天鵝的努力與成就,可以發現丹麥社會早有尊崇文化與獎掖人才的傳統,不僅愛護後進的前輩慷慨地私人予以援助,而且皇家基金會曾贊助他,也曾贊助葛隆維到國外去遊學。等到安徒生在文學上的成就被大眾肯定以後,丹王費特力六世還令准自 1838 年起發給年俸四百金元,俾其安心創作。繼 1844 年普魯士國王腓特烈‧威廉四世 (Frederick William IV, 1840–1861 在位) 頒授紅鷹勳章後, 丹王基士揚八世也於 1846 年頒授國旗勳章。1848 年安徒生又應邀到斯德哥爾摩,接受

瑞典國王奧斯卡一世（Oscar I, 1799–1859 在位）頒授的北極星勳
章。十年後再蒙丹王費特力七世授勳並冊封為教授。當最後一冊
《童話》於 1873 年出版後，安徒生已贏得了全球兒童的心，更捐
款創辦了孤兒院，丹麥政府更計畫於 1875 年在皇家花園塑立一座
銅像來慶祝他的七十華誕。他也於同年 (1875) 8 月 4 日安息主懷，
文人殊榮，世罕其匹。

第四節　祁克果哲學影響未來

　　十九世紀中期，人口不到四百萬的丹麥，卻接連產生了四位
世界級的大人物。1820 年歐士德發明電磁原理，1832 年葛隆維倡
議民眾高等學校，1835 年安徒生開始創作其不朽的童話，1843 年
起祁克果發表其影響二十世紀思想極為深遠的哲學論文及小說。

　　被譽為「丹麥最聰明的頭腦」，也被謔稱為「哥本哈根的蘇格
拉底」的祁克果 1813 年在丹京出生時，父馬可 (Michael Pedersen
Kierkegaard, 1757–1838) 已經五十六歲　，是一位白手起家的成功
商人。由於老年得子，對祁克果極為寵愛，管教過嚴，養成他拘
謹且憂鬱寡歡的個性，但他長於思考，富有想像力，年輕時便顯
露了卓越不群的才華。1830 年，十七歲通過高中畢業會考，依照
父親的意思到哥本哈根大學攻讀神學。雖然得以盡情享受當時流
行的理想主義和浪漫主義的哲學盛宴，但自幼所受虔信主義的父
教，使他內心發生了激烈的衝突。他渴望發現神所啟示的真理，
成為他個人生活的信念，作為他終身努力的目標。1834 年，他母

圖 39：祁克果

親故世，除了與他不合，以後擔任主教的哥哥彼得外，其他五位兄姐也相繼病歿，祁克果猶如遭遇大地震一樣地面臨死亡的恐懼。在日記中，祁克果自問：「是天譴？是家庭的原罪？抑或上帝有其他更高更美好的旨意？」1836 年他與父親吵架後離家出走，墮落在放蕩的生活中。燈紅酒綠無法撫慰他內心的懼怕、痛苦與憂鬱，直到 1838 年的 5 月 19 日，悔改信主，開口禱告時被喜樂所充滿，在日記中記載：「這是何等的喜樂！從靈的深處湧出來的喜樂，我完全被喜樂所包圍、擁抱、淹沒、浸透。喜樂潮，浪滾滾，我無法不大聲呼喊說：你們要常常喜樂！跟我一樣地享受救恩的喜樂。」自此與父親復歸於好，但父親卻又在同年 8 月撒手離開人間。祁克果認為父親是為了愛他而奉獻了生命，故立即埋首論文寫作，於 1840 年完成學業以了父親心願，並拿著博士學位證書去訪問故鄉，在父親幼時牧羊的山崗上跪下禱告時，他呼喊說：「父愛，使我認識了上帝的大愛！」

他的博士論文是〈論蘇格拉底對諷刺的定義〉(*Om Begrebet Ironi med stadigt Hensyn til Socrates*, 1841)，其中詳證蘇格拉底為「存在的思想家」，重視個人的權利，強調主觀經驗超越客觀理

性，悠遊於浪漫的理想境界而鄙視現實社會中的凡夫俗子，然其理想仍生根於現實。

1838 年祁克果也曾為文批評安徒生的小說《提琴手》(*Kun en Spillemand*, 1837)，認為天才不應該像安徒生所說，要靠人培養與扶植。天才是不怕打壓，永遠不會被埋沒的。

1840 年 9 月，祁克果二十七歲時與十八歲少女李姬娜 (Regine Olsen, 1822–1904) 訂婚。他深摯地熱愛未婚妻，連夢中也都是她的倩影，但訂婚後內心又極度不安。因為他的兄姐夭逝，主耶穌也只在地上行走了三十三年，他自忖活不過三十四歲。為了不願她做寡婦，為了「放她自由」，只好犧牲他自己的幸福，放棄他唯一的愛人，於翌年 8 月痛苦地解除婚約，且終身未娶。10 月遊學柏林，開始時頗醉心於謝林的講學，然數週後便覺得謝林虛言無益，客觀地追求普遍的絕對真理也無價值。因為對祁克果來說，普遍的絕對真理就是上帝，上帝不該成為研究的客體，必須用信心去接受，因信仰而認識，藉上帝個別的啟示而主觀地經歷。所以沒有等到學期結束便離開柏林，返丹京自行研究及著作。

1843 年以筆名發表了厚達四百餘頁、分成兩冊的哲學論文：《非此即彼》(*Entweder-oder, Ein Lebensfragment*)，以其個人獨有的內在經驗，探討人生的意義與存在；立即引起了廣泛的討論與激烈的批評。他也不斷的辯解說明，與時賢展開了激烈的筆戰。他寫作時文思如湧，常常工作到清晨三時，尚不易歇筆。他以獨特的風格與自創的詞彙，表達其創造性的思考，或以幽默，或用嘲笑，有時諷刺，有時寓言，探討個人在群體中的存在，發現這

些存在又是何等的空虛與焦慮，我們該如何找到真實存在的意義
以完成個人的存在?這些豐富而引人深思的對話和辯難於 1845 年
集結成《十八箴言》(*Achtzehn erbauliche Reden*) 用真名出版，並
獻給父親以誌紀念。歸納起來，他認為人的存在有三種境界，並
因而產生五種不同的人生型式（包括人生觀、生活態度與方式）。
存在的境界有三：

1. 感性的 (Ästhetik)──抱著享樂的人生觀，急功近利，追求
   時髦與流行。不斷變換口味，進行企業改造，卻沒有真正
   的工作。交遊遍天下，知己無一人；到處留情，卻沒有一
   個真愛，猶如歌劇中的唐璜爵士，甚或墮落成祁克果小說
   中的「愛情騙子約翰」。

2. 道德的 (Ethiker)──抱著負責的態度，履行人生義務。理
   智地生活在社會與歷史中，明辨是非；勿以善小而不為，
   勿以惡小而為之，甚至為了將來的幸福，可以犧牲目前的
   快樂而刻苦勵行，猶如古希臘的斯多葛學者 (Stoiker)，亦
   是書中主角威廉所表達的。

3. 宗教的 (Religiosen)──由於相信基督的救恩，本著心靈深
   處的引導而行事為人；由於對「永世」的盼望，力圖與神
   和好，而輕視地上「現世」的享受；由於相信父神的大愛
   而追求個別的、主觀的與上帝的團契交通，猶如作者筆下
   所創造的理想人物克里馬柯士 (Johannes Climacus)。

綜上可見，生活在不同的存在境界，就產生互不相同的人生
型式。祁克果並且認為，生活在較低境界中的人是無法演變為較

高境界，而必須經由「躍進」(Sprung) 的過程。感性的人生非經
「徹底反省」的深思無法進入道德境界；道德君子也必須經過「悔
改得救」的頓悟，才能晉身宗教的存在境界。再者，祁克果進一
步指出：由感性的境界躍進於道德的境界時，必定經過「諷刺的
階段」(Ironische Stadium)，由道德的境界躍進為宗教的境界，則
要經過「幽默的階段」(Humoristischen Stadium)。換言之，五種
不同的人生型式，標示了人存在的不同境界及其過渡階段。其實，
這五種不同的生活態度豈不亦剛好說明了祁克果自身人生觀演變
的過程。而三種不同的存在境界也恰好與哲學史上伊壁鳩魯學派
(Epikurear)、斯多葛學派以及基督教的發展歷史相符合。這種擺
脫儀式與教條，從個人內心深處，主觀地經歷基督，直接地與神
契合的宗教境界，完全不同於天主公教或國家教會的傳統，更對
二十世紀的現代神學家巴特 (Karl Barth, 1886–1968) 有決定性的
影響。

　　正如同葛隆維反對當時的神學權威克勞生一樣，祁克果也對
克氏的繼承者，被年輕神學家們捧為偶像的馬天生教授 (Hans
Lassen Martensen, 1808–1884) 展開無情的批評。尤其當 1854 年他
父親的牧師繆士德 (Mynster, 1775–1854) 主教逝世時，有意繼承
其主教職位的馬天生居然在告別式中，誇大地稱頌繆氏為「真理
的見證人」；祁克果為文非難說：「真理的見證人應該像使徒保羅
所說：認識基督並祂復活的大能，以及同祂受苦的交通，模成祂
的死（〈腓立比〉三章十至十一節），而活出基督、彰顯上帝的榮
耀；但今天國家教會的牧師，不僅沒有與基督同釘十字架、同受

苦難；卻反而貪圖世上的享受，拿宗教儀式來演戲，憑傳統教條來討飯！」祁克果認為當時的國家教會已形同假冒為善的法利賽人，既無效法基督的心志，更何來為主殉道的血證？繆主教可能是一個好人，卻決不是基督真理的見證人。他呼籲所有的信徒都應該自認為罪人而悔改，憑著神的恩典，棄絕自傲又自卑的「疑惑」(Damonische Verzweiflung)，謙卑地回到內心深處的靈裡，全心全意禱告，主觀地經歷基督，個別地贏得信仰，才能消除「害怕」(Furcht) 與「憂懼」(Angst)，而回歸「存有」(Dasein)，享受天福 (Selligkeit des Christen)。換言之，基督的真理並非徒供神學上客觀研討的道理，而係每一個信徒都可以簡單地經由信仰，在主觀上體認並在生活中實踐的。所以，祁克果說：「只有已被啟示及建立的真理，才是為你而有的真理。」(Allein die Wahrheit, die erbaut, ist Wahrheit für dich.) 甚至在生活理念上是「主觀即真理」(Die Subjektivität ist die Wahrheit)，因為是人自己選擇「存在的境界」而生活。就是這種「主觀真理論」開啟了二十世紀存在哲學的先河。

在與國家教會正面衝突以後的翌年，祁克果自費出版了一份半月刊《當前》(Øjeblikket)，獨自撰文從各個角度指證信義會的傳統與做法，已偏離了〈新約〉與使徒的教訓，根本與《聖經》不合。但是，他激烈的抨擊，或能促使虔誠信徒內心的反省，卻無人公開附和，甚至他的胞兄，擔任牧師的彼得也不敢有所響應。他孤軍奮鬥，他大聲吶喊，他要做真正的真理見證人，卻終於在出版了第九期後，身心交瘁地癱瘓在哥本哈根的街上。 1855 年

11 月 11 日病逝於費特力醫院，臨終時他拒絕了牧師所給的聖餐，因為他認為聖品階級僅是國王的臣僕而與基督無分無關。「基督的真理不是教條，而是存在的參與」，祁克果心靈深處的經歷，留給後世神學、哲學、文學和心理學上無數的討論空間。

第五節　第二次薛來斯威戰爭與幸運堡王朝的開始

1849 年 6 月 5 日，丹王費特力七世所簽署公布的第一部丹麥民主憲法，是採取三權分立的代議政體。國會分成上、下兩院，年滿三十歲且具有不動產的公民才享有選舉權。國王保有任免各部部長及重要行政官吏之權，法律則必須經國會兩院的多數通過。法院獨立行使司法權且採取言詞辯論及公開審判的形式。人民的權利和自由獲得明文保障，新聞及出版品檢查制度立即廢除。當時由民眾選出來的各方面代表，以葛隆維和孟樂為中心，在國會中形成左派，為自由黨的前身。由代表大地主及曾任文官的議員們所組成的右派，以尊崇王室為宗旨，為保守黨 (Det Konservative Folkeparti) 的前身，其領袖是立憲後第一任首相茅琦，時年六十四歲，他曾任基士揚八世的財政部長，政治經驗豐富，使政體變革得以順利推行。而擔任議長的孟樂只有三十八歲，年輕有為，原係學生領袖，且是第一部憲法的起草人，其後曾出任哥本哈根市教育局長 (1854–1859)、文化部長 (1859–1863)，並於 1863 年擔任首相，與葛隆維同為丹麥立憲國會的兩大主柱。由於政治環境的安定，民主化順利進展，社會經濟更有長足進步，

哥本哈根及其他城市開始建立煤氣與自來水系統，郵政、電報和醫療設備也迅速地擴展。1857 年國會通過了〈自由貿易法〉，廢除基爾特的限制和海峽通行稅，更幫助了工商業的發展。丹麥在君主立憲以後，正大步邁向現代化國家的途徑。但是薛來斯威與霍爾斯坦的問題，仍然替丹麥帶來了很大的困擾。

1863 年丹麥國會決議，王國憲法之施行範圍及於薛來斯威。該項法案無異斬斷此一丹麥人聚居區域與以德裔居民為主體的霍爾斯坦之聯合關係，將丹麥與日耳曼人的衝突重新擺上檯面。費特力七世又恰於兩天後病逝，這一個棘手問題遺留給新王朝的新國王去處理。

由於費特力七世並無子嗣，故選立其堂妹夫，系出基士揚三世的幸運堡王子 (Prince Christian of Lyksborg) 為王儲，至是接位，

圖 40：基士揚九世

稱號基士揚九世（Christian IX, 1863–1906 在位），開創了丹麥的「幸運堡王朝」(The Glücksburg Dynasty)。新王登基後鑑於國內民族主義高漲，媒體充滿了統一薛來斯威的呼聲，他也就俯順輿論立即批准了此一法案，但立即遭到德意志領邦同盟的抗議，謂依照 1852 年〈倫敦協議〉，丹麥雖依舊保有對薛來斯威和霍爾斯坦

聯合大公國之宗主權，但無權將該國併入版圖。普魯士的鐵血宰相俾斯麥 (Otto von Bismark, 1815–1898) 更乘機用事，於 1864 年 1 月 16 日電送最後通牒，要求丹麥在二十四小時內取消上述兼併薛來斯威的國會決議，否則將聯合奧地利出兵討伐。雖丹麥政府立即改組並宣稱考慮修改上述法案，但普、奧已經動員，一支配有新式武器——後膛槍砲的五萬七千人組成的聯軍，於 2 月初攻入日德蘭半島。丹麥防軍只有四萬人且缺乏先進裝備，無法抵擋聯軍銳利的攻勢，雖浴血抗戰，奮勇拒敵，究因軍力懸殊，被迫節節敗退，轉戰於鄰近各小島。幸海軍擊敗遠來的奧國艦隊，仍能控制海峽；英國維多利亞女王與俄國沙皇又及時出面干涉，雙方於 6 月 29 日停戰議和。在 10 月 30 日所簽署的〈維也納條約〉中，丹麥放棄對聯合大公國的宗主權，薛來斯威及霍爾斯坦先委由普、奧共管，繼在翌年達成〈哥斯坦協議〉(*Gastein Convention*) 由普魯士接管薛來斯威，奧地利治理霍爾斯坦，因之埋下了普奧戰爭的伏筆。

　　第二次薛來斯威戰爭的結果，海外屬地不算，丹麥本土只剩下三萬九千平方公里，是歷史上版圖最小的時候。生活在薛來斯威的丹裔居民，也因此遭遇許多不公平的待遇，例如丹文學校被禁止，丹文報刊受迫害，丹人企業被強制收購等，迫使丹人遷離當地。據統計，自戰後至二十世紀初，薛來斯威的丹麥人約有三分之一移民美國（近六萬人）可見一斑。這次戰爭失敗的責任，當然歸罪於當時執政的自由黨，使基士揚九世得以順利地選任在國會上院占多數的右派 (Højre) 組織內閣。戰後復興的重點在經

濟，舉國團結，上下一致，要求：「外面損失的，必須從裡面贏回
來。」在談兒該 (Enrico Dalgas, 1828–1894) 等兵工人員及「護經
派」新教徒後裔們的號召下，有志之士紛紛前往日德蘭半島，展
開了大規模的墾荒運動，填海築壩，排水拓土，化沼澤為良田。
成千新建的農莊把荒蕪的西部改造成糧倉，剛好趕上 1870 年以來
歐洲各國市場上對糧食之大量需要，地主們得以積蓄財富並營建
維多利亞式的華屋，使丹麥農村更披上了一層美麗的新貌。

由於輪船海運的發展，使美洲和烏克蘭的小麥和穀物大量輸
入歐洲，形成了 1880 年的農業危機，小型農家遭受的打擊更大。
幸而戰後蓬勃發展的「民眾高等學校」教育了農民，使他們有更
寬廣的視野，更博大的知識和更機警的應變能力。1882 年組成了
乳業合作社，受過訓練的年輕農民們，團結起來，用合作社的方
式，改善生產技術與環境衛生，直接辦理運銷及拓展市場，減少
中間剝削，提高農民收益，獲得很大的成功。接著生產香腸、雞
蛋、甜菜等的農民也紛紛組成合作社，並且由地方而中央，使丹
麥精緻的農業產品包括家畜製品行銷歐美各地，亦使丹麥進入二
十世紀時成為全球先進的農業國家。

十九世紀晚期，丹麥的鐵路網已遍布全國各地，兼以海運技
術的進步，各島之間的運輸非常方便；並且從農產品加工開始，
工廠也不斷增多與擴大。在銀行家田德耕 (Carl Frederik Tietgen,
1829–1901) 的領導與推動下，進行企業合併，產生了許多足以進
行國際競爭的全國性大企業，如聯合輪船公司、聯合糖業公司等。
並且他自己把美商貝爾電話公司 (The Bell) 買了下來，私人經營，

但在政府的管理之下，形成了公用事業的丹麥型特色 (a typical Danish Construction)。隨著工業化的進展，都市化的現象也不斷加速，尤其是首都哥本哈根，在 1850 至 1900 年間，人口從十五萬人增加成五十萬人，新居民大都是勞工，居住在狹隘的房舍中，且要付出工資的三分之一作租金，環境衛生不良且又營養不足，結核病等傳染性疾病非常流行。據兩度擔任首相的勞工領袖薛道寧 (Thorvald Stauning, 1873–1942) 的自述，幼時他母親重病便因付不起診費及保證金而被醫院拒收。所以自覺的工人們受到「巴黎人民公社」的影響而紛起革命以反抗不合理的待遇、爭取他們該有的權益，甚至發生 1872 年的警民流血衝突事件。其後曾受「民眾高等學校」教育的勞工領袖們放棄了革命與暴動的方式，改循民主的常軌，在體制內進行改革。首先組織工會，以團體的力量與資本家談判及爭議，接著由工會推派代表競選國會議員，以修訂法令，逐步建立社會福利制度。1884 年，以工會為基礎所組成的社會民主黨 (Socialdemokratiet) 當選了兩位下院議員。1899 年 9 月由工會與雇主協會簽署了一份被號稱為〈勞動市場憲章〉(*The Constitution of the Labour Market*) 之協定，規定工會和雇主協會有權代表勞資雙方經由協商及談判以解決爭議，以減少罷工，頗有助於經濟競爭力之提昇及以後社會福利制度之建立。到 1901 年，社會民主黨已當選了十四位國會議員，勞工權也更受重視。

　　哥本哈根城牆拆除後，增闢了許多可供市民休閒的公園與綠地，其中還包括了一座新的植物園。而 1884 年燒燬基士揚宮的一場大火，則促使建立了皇家美術館、圖書館及其他專門的博物館，

分散保管文物及藝術品，豐富了首都的文化氣息。提到多采多姿的丹麥文化生活時，無法不懷念創辦嘉士伯啤酒廠的雅各伯生父子，老雅各伯生 (Jacob Christian Jacobsen, 1811–1887) 重建了璽蘭島北部的費特力宮，並把它變成北歐最值得參觀的歷史博物館。其子卡爾 (Carl Jacobsen, 1842–1914) 更有意要把哥本哈根建設成「北方的斐冷翠」(the Florence of the North)，出資修建了收藏豐富的嘉士伯美術館 (The Carlsberg Glyptotek) 及名聞遐邇的美人魚銅像。

　　經過了第二次薛來斯威戰爭失敗的教訓，終基士揚九世在位之時，力求維持政治安定，在和平中求進步，故對內重用右派政治領袖艾士達 (Jacob Brønnum Scavenius Estrup, 1825–1913)，調和

圖 41：嘉士伯美術館

圖 42：政治家艾士達　　　　　圖 43：費特力八世

各方意見，平衡各種勢力，全心致力於經濟的發展；對外更廣結
善緣，長女亞麗珊姐 (Alexandra, 1844–1925) 嫁給英王愛德華七世
（Edward VII, 1901–1910 在位）為后，次女黛瑪 (Dagmar, 1847–
1928) 嫁給俄國沙皇亞歷山大三世（Czar Alexander III, 1881–1894
在位） 為后 。 威廉王子 (Vilhelm) 嗣位為希臘國王喬治一世
（George I, 1863–1913 在位），王孫卡爾 (Carl) 則於 1905 年挪威
脫離瑞典而獨立時，被選任為挪威國王，稱號哈康七世（Haakon
VII, 1905–1957 在位）。所以很多人尊稱基士揚九世為「歐洲的祖
父」(the Grandfather of Europe)，他長期在位，於 1906 年崩逝，
享壽八十八歲。太子費特力八世（Frederik VIII, 1906–1912 在位）
也因之只能做六年國王，怎樣帶領丹麥進入二十世紀，並且安渡
兩次世界大戰的驚濤駭浪，而完成建設現代丹麥的使命，只能留
待新王及新的一代丹麥才俊去努力了。

第六章 | *Chapter 6*

小而美麗的現代丹麥

第一節　基士揚十世與兩次世界大戰

　　1900 年全國供電系統的完成 ，象徵丹麥隨著二十世紀的到來，進入電氣化的新時代。其時，農業機械化的進展也非常順利，小麥收割機及牛乳分離機的使用尤其普遍。1903 年的稅務改革，徵收所得稅及資產稅來代替單純的田賦與土地稅，更增強了經濟活力。改建完成的基士揚宮與市政府大廈，使哥本哈根具備國際都市的新貌。國際航空於 1906 年起在此設站，並以之為出入北歐的門戶。1911 年哥本哈根中央車站落成，鐵路與歐洲大陸連成一線。1912 年起，航行海外各地的遠洋輪船亦開始在此設埠。

　　早在 1814 年開始實施的國民義務教育，到了十九世紀中葉，便已達成了掃除文盲的目標。隨著經濟轉型所需要的技術人力及政治民主化進展應該提高的公民素質，在自由黨的努力下，1903 年國會通過了延長國民義務教育三年的法案，使每一國民都有接

受初中教育的權利及義務。同一年也傳來了科學家芬生 (Niels
Finsen, 1860–1904) 因發明皮膚狼瘡的光線治療法而榮獲諾貝爾
獎的喜訊。1907 年通過准由政府補助失業津貼的授權法案，1910
年又成立勞動法庭 (Arbejdsretten) 來處理勞資爭議問題，避免激
烈衝突，使社會更能在祥和的氣氛中進步。這種情形也表現在女
權的保障與爭取。1903 年准各地教區管理委員會選任女性委員，
1908 年國會通過新法，准女性擔任地方議會的議員。事實上，丹
麥的民主政治在進入二十世紀後已經形成了若干優良的傳統，例
如從 1901 年開始，雖法案之通過須經國會兩院之同意，但若下院
(Folketing) 單獨通過了不信任案，內閣必須辭職。換言之，政府
是向代表人民的國會下院負責。以官吏、貴族及大地主的代表為
主體的國會上院 (Landsting) 被限制於只能參與立法及國家重大
政策的決定。其時國會中的政黨已逐漸分裂成保守黨（以擁護王
權為主旨）、自由黨（以爭取農民利益為號召）、社會民主黨（以
工會為基礎）、激進自由黨（Det Radikale Venstre，主張進一步推
動憲政改革）四個政黨，開創丹麥多黨政治的先河。

　　1912 年，剛好是我們的中華民國元年，基士揚十世
（Christian X, 1912–1947 在位）繼承他父親費特力八世，登基為
丹麥國王。辛苦的國王雖然有幸領導他的百姓，把丹麥迅速地轉
型為現代化的民主與福利國家，但是也必須經過兩次世界大戰嚴
苛的考驗。在地緣關係上，丹麥位處於英、德兩大強國之間。丹
麥是一個農產品外銷的國家，主要市場在英國，出口的香腸和雞
蛋，有 90% 輸往英倫三島；且由於薛來斯威問題，人民難免有仇

德的情緒；但是面對 1870 年德意
志統一以後的強大帝國，在國防
安全上，丹麥自然不敢得罪德國。
所以當第一次世界大戰 (World
War I, 1914–1918) 爆發後，丹麥
立即宣布中立。初期尚能相安無
事，雖受德國所迫，在波羅的海
入口部署水雷，亦能獲得英方默
許，兩國的貿易往來，尚可照常
進 行 。 然 至 1917 年 ， 席 爾

圖 44：基士揚十世

(Reinhard Scheer, 1863–1928) 就任德國公海艦隊 (German High
Seas Fleet) 司令後，行動躁進，經常冒險出擊，形勢就起了變化。
5 月 31 日與哲理科 (John Jellicoe, 1859–1935) 所率領的英國大艦
隊 (British Grand Fleet) 在日德蘭半島的西北海面相遇，爆發了激
烈的海戰，史稱日德蘭之役 (Battle of Jutland, 1917.5.31–6.1)。此
役英方雖然損失慘重，但也粉碎了德國稱霸海上的夢想。英國既
占海上優勢，遂聯合法國等加強對德、奧之封鎖。雖中立國家如
丹麥，仍可依國際法之規定，將非違禁品 (Non-contraband) 如食
物、棉花等非軍事用品運往德國。然協約國為嚴格執行封鎖而採
取配額，亦即設法阻止各國產品輸往德國，例如德國需自丹麥進
口魚類食品，而丹麥漁船需要英國出口的煤，於是英國可藉配額
丹麥的煤而防止丹麥魚類進入德國。德國也利用潛水艇進行反封
鎖以圖報復，至 1917 年更宣布實施「無限制潛艇作戰計劃」，癱

瘓了海上貿易，激怒美國參加戰爭，也加重了丹麥的經濟困難，煤和原料嚴重缺乏，失業率劇烈昇高，冒險走私更形成了許多社會問題。中立國家的丹麥仍在戰爭期間被擊沉了二百七十五艘船艦，七百餘名海員殉職，六千餘名住在薛來斯威的丹麥百姓被德軍徵集，送往前線，犧牲於戰場。而丹麥在美洲的屬地西印度群島（浮琴尼亞群島）也於 1917 年經當地居民投票通過後，以美金二千五百萬元賣給了美國。翌年復准冰島獨立，但仍以丹王為國王，直至 1944 年改制共和時為止。

在 1918 年第一次世界大戰停止後，丹麥在內政上不僅由於自由黨的努力，修法將過分集中於大地主的土地，予以分割讓售；而且經過社會民主黨的奮鬥，確立每天工作八小時的制度。在外交上則根據〈凡爾賽和約〉(*Versailles Treaty*, 1919)，經由公民投票來決定薛來斯威各區的歸屬，結果使北薛來斯威於 1920 年回歸丹麥，定名為「南日德蘭」，計括土地面積一千五百平方公里，人口十六萬五千人。如此，使丹麥領土復增成為四萬三千平方公里，這也就是今天丹麥王國本土的面積。

首次採取比例選舉制的 1920 年大選，不僅須面對戰後經濟恐慌所帶來的嚴重失業問題，還必須處理因薛來斯威南部無法回歸而引起的極端民族主義者的暴動抗議。獲勝的自由黨在保守黨支持下所組成的內閣，竭盡全力仍無法解決經濟危機，而於 1924 年改由薛道寧所領導的社會民主黨組閣。這一位毫無行政經驗的煙草工人組織了包括一位女性閣員的新政府，的確使人耳目一新，但究竟無法被保守的歐洲各國所接受，且亦因承認蘇聯及無力解

決財經問題而於 1926 年被極端
的自由主義者梅生－繆岱
(Thomas Madsen-Mygdal, 1876–
1943) 所取代。他採取減少公共
支出、減低稅收及在勞動市場設
立仲裁制度而改善了投資環境，
使經濟得以復甦。然復因「應否
響應國聯的裁軍政策」之辯論及
國防預算之無法通過，而於

圖 45：社民黨領袖薛道寧

1929 年讓社會民主黨再行組閣，自此以後，確立了責任內閣的制
度，政權的輪替成為正常。換言之，丹麥在第一次世界大戰後不
久，便完成第二波的民主化改革，成為世界上先進的民主國家。
其民主化的程度更迅速地可與英、美並駕齊驅。

　　社會民主黨於 1929 年再度執政後，組成了與激進黨的聯合內
閣，薛道寧復任首相，孟克 (Peter Rochegune Munck, 1870–1948)
為外長。他們放棄了完全放任的資本主義政策，用公權力適當地
干涉不公平的競爭，逐步採取保護農民的措施及制訂社會立法，
使失業、疾病、殘障和老年人等獲得社會的救助而享受免於匱乏
的基本人權。這一個以民眾福利為首要任務的政府，執政至 1942
年，也成為丹麥在二十世紀任期最長的政府。從薛道寧的例子也
可以發現，任何政治天才必須經過磨練，獲得經驗後才能施展抱
負。他在第二次執政時，才交出耀眼的成績單。

　　戰後丹麥在安定中不斷進步。波爾 (Niels Bohr, 1885–1962)

圖 46：原子物理學家波爾

於 1922 年榮獲諾貝爾物理學獎，首先以學術成就來鼓舞人民的希望。 1925 年哥本哈根國際機場 (Kastrup Airport in Copenhagen) 啟用， 1925 年丹麥國家電臺 (Danish Broadcasting Corporation) 成立，1930 年普建有衛生設備及熱水供應的國民住宅，1935 年完成連結日德蘭半島和芬島間的長橋 (The Little Belt Bridge)。在這一段時期還普遍興建了美麗而實用的校舍及公共圖書館、葛隆維紀念教堂及歐胡市大學等迄今被人讚譽欣賞的重要建築。

　　由於戰後的經濟復甦，使歐洲各國得以享受「二十年代的興旺」(the Roaring Twenties)，使丹麥不僅因之在經濟上安定繁榮，政治上民主自由，而且在社會建設上快速進步。1929 年 10 月紐約股市崩盤所引發的世界經濟恐慌，卻亦立即對丹麥的經濟帶來了衝擊，然在薛道寧所領導的政府與全國民眾上下一致的努力下，仍能平衡政府收支，且逆流而上地如前所述創建了許多社會福利措施。但是，三十年代開始蔓延的極權主義卻嚴重地威脅了丹麥國家的生存與發展。早在 1931 年受納粹影響的極右派人士以「農村復興運動」(Landbrugernes Sammenslutning，簡稱 LS) 為名，組織農民 「進軍哥本哈根」 擴大抗爭。 1932 年， 刺森 (Aksel

Larsen, 1897–1972) 所領導的丹麥共產黨 (DKP) 當選了兩位國會
議員。同樣反對民主政治的左派，自此常與極端保守的右派，聯
合起來阻撓議事的進行。議會中的紛亂，政客們的口水，加上政
黨間的鬥爭，擱置了許多重要的社會立法，反而阻礙了薛道寧「全
民政府」 (Denmark for the People) 目標之實現。 1933 年希特勒
(Adolf Hitler, 1889–1945) 掌握政權，建立德意志第三帝國以後，
迅速向外擴張，北鄰丹麥之國家安全自然感受到嚴重威脅，立即
停止逐年裁減軍備的行動，並在與其他北歐國家一樣宣布中立之
同時，增強防務。由於英國已明白告知，萬一丹麥與德國發生衝
突，將不會在軍事上加以支援，故在 1939 年 3 月德國占領捷克
後， 答允德國要求， 於同年 6 月簽訂 〈互不侵犯協定〉 (*Non
Aggression Pact*)。9 月，德國進攻波蘭，英、法遂即向德宣戰，
第二次世界大戰 (The Second World War, 1939–1945) 爆發。丹麥
也立刻宣布中立，盼能像第一次世界大戰時一樣，不與英、德兩
國之任何一方為敵。

　　1940 年 4 月 9 日，德國未經宣戰，不顧已簽訂的〈互不侵犯
協定〉，不管已宣布的中立國地位，突然對丹麥施行閃電攻擊。清
晨四點十五分，丹王基士揚十世及全國軍民被低空飛行的德國戰
機所製造的噪音吵醒，由天空降落的德國傘兵迅即分別占領王宮，
各軍團的司令部和戰略據點。到了這個時候，德方才把「哀的美
頓書」(Ultimatum) 交給丹麥外長，要求停止一切反抗行動。其時
德軍的坦克車也已紛紛越過邊界，向丹京進軍。在空降部隊以重
兵包圍的王宮中，丹王召集三軍將領、政府首長和國會領袖所舉

行的御前會議，無助地被迫作成：「與德國合作抗拒英國侵略」的
決議。清晨七時，雙方簽署協議。官方的抗戰正式停止，但愛好
自由的丹麥人民卻轉入地下，展開了如火如荼、可歌可泣的反抗
納粹侵略的行動。他們以土造兵器，自製坦克來進行游擊戰爭，
他們用漁船小舟，借啤酒廠後方的碼頭，黑夜遠航瑞典來運送補
給及逃亡的志士和猶太難民，他們與世界上所有反軸心的同盟國
家通訊連絡，甚至還派人遠至中國重慶，獲得蔣委員長的委任及
褒獎。這許多珍貴的資料及證物，迄今仍收藏陳列於哥本哈根近
郊的「抗德史蹟博物館」中。更重要的是，德軍占領丹麥後，大
部分的丹麥商船立即馳往英倫，為同盟國的海軍服務。知識分子
們也自動地採取不合作的態度，一有機會便流亡海外。例如諾貝
爾獎得主，曾於 1940 年發表原子理論的波爾，便秘密地潛往美
國，協助製造了結束第二次世界大戰的原子彈。而准格陵蘭為美
軍基地及讓法羅群島與英軍合作等，亦均有助於盟軍的勝利。

　　德國之所以在戰爭初期便悍然攻占丹麥，據判斷乃由於經過
丹麥是前進挪威的唯一通道。德軍擬利用形勢險要的挪威峽灣當
作其潛艇基地，更擬奪取瑞典的鋼鐵及丹麥的農產品為其後勤補
給。丹麥政府之忍辱求和，也是為了維繫法統，保有自己的政府
和軍隊，以避免德國納粹政權直接迫害民眾。基士揚十世和他的
大臣們是以無比的耐力和毅力，堅韌地與德方周旋。農場沒有變
成戰場，農產品的價格又在戰時提昇；工廠沒有變成廢墟，還可
生產各種日用品來替代進口。所以在這被占領的「黑暗五年」期
間，開始時人民仍能獲得適當的保護，繼續過太平日子，但德方

隨著戰爭的愈益膠著而愈發加強其高壓的手段。1941 年 6 月，德軍進攻蘇聯時，二百六十九名丹麥共產黨籍的國會議員和共黨幹部被拘禁，接著把失業工人徵作壯丁或奴工。1942 年 4 月，以取締非法出版品及地下報刊為名，把許多人送進集中營，甚至其中還包括了保守黨的領袖。這種做法引起了丹王的痛恨與憤怒。當1942 年 9 月，慶祝基士揚十世七十二歲華誕時，希特勒發了一通有一百六十五字長的賀電給他。丹王卻僅以「敬表謝意」四字答覆而觸怒了希魔，形成所謂的「電報危機」。因此撤換首相布爾 (Vilhelm Buhl, 1881–1954)，代之以圓滑見長，頗受德人尊敬的資深職業外交官施嘉唯諾士 (Erik Scavenius, 1877–1962)，才得以暫行收場。納粹的控制愈嚴，人民的反抗也愈大。電報危機後愛國志士紛紛轉入地下，不分黨派地團結起來，組成了「丹麥聯合陣線」(Dansk Samling)，發行《自由丹麥》(*Frit Danmark*) 期刊，並透過英國廣播公司 (BBC) 發出了「自由丹麥之聲」，更配合盟軍行動，從事激烈的破壞，地下的抗敵運動愈挫愈勇，波瀾愈益壯闊。德國乃改以哈尼根將軍 (Hermann von Hanneken, 1890–1981) 為派遣軍總司令來丹，並隨即命令所有丹麥守軍撤離日德蘭，可見納粹德國已經不再信任丹麥。為了緩和雙方的緊張關係，德方准許丹麥於 1943 年 3 月依照憲法規定舉行全國大選。結果投票

圖 47：保守黨領袖莫勒

率高達 93.4%，選票的 89.5% 照舊投給戰時全民內閣中的四個原有政黨。新成立的丹麥納粹黨只獲得 3.3%，聯合黨 2.1%，另外還有 1.2% 響應地下運動的「自由丹麥」而投下了空白票。同年 8 月，在丹麥共產黨的組織下，有十七個城市發起總罷工來抗議納粹統治，蔓延開來，連德軍重兵鎮守的首都哥本哈根也發生了若干騷動。這一場「八月起義」事件震驚了柏林，雖其特命全權大使貝士特 (Werner Best, 1903–1989) 在報告中儘量低調處理，但希特勒仍要求丹麥政府立即宣布全國進入緊急狀態，並把參與暴動者一律處以死刑。8 月 29 日，丹麥內閣總辭，德軍總司令哈尼根宣布戒嚴，且命丹軍全部解除武裝。很多軍艦因之自行沉沒海底，丹麥海軍之英勇壯烈，令人尊敬。

1943 年的八月起義，結束了丹麥與納粹德國的表面合作關係。正如德使貝士特所說：「這匹表演政治馬戲的馬——丹麥，已經死了。」 (The political parade horse, Denmark, is dead.) 自此以後，直到戰爭結束，丹麥政府不再有內閣，而僅由行政官吏來處理庶務。愛好自由的丹麥人民之仇德情緒也隨之日益高漲，上下一致，舉國團結地於 9 月組成了「丹麥自由委員會」(The Danish Freedom Council)，其組成分子不分左右，包括了各黨派的領袖，如胡曼 (Børge Houmann, 1902–1994)、福格 (Mogens Fog, 1904–1990)、單倫生 (Arne Sørensen, 1906–1978) 及雅各博勝 (Frode Jakobsen, 1906–1997) 等政治菁英。被解除武裝的官兵也紛紛來參加此救國行動，得以迅速地組成民軍，對德軍展開突攻與游擊。尤其在破壞鐵路，阻止德軍進出挪威方面，曾發動一千五百餘次

的攻擊，極有助於英倫三島之保衛及盟軍之反攻。當納粹於同年
10 月開始捕殺拘禁猶太人時，該委員會也發動了救援的行動。納
粹在丹麥境內抓了五百餘位猶太人到集中營去，但卻有七千餘猶
太人被救到瑞典。對於為德軍效勞的工廠，他們也進行了二千八
百餘次的破壞行動，再加上對德方運輸船隻及港埠的多方破壞，
使英國及其他盟國無不肯定丹麥對大戰勝利的貢獻。為了配合盟
軍的反攻，他們還號召所有軍官，到瑞典境內成立了丹麥軍團，
稱為："Danforce"。由於他們自己英勇奮鬥的傑出表現，自助人
助而在 1944 年 6 月開始接受美援，力量更為壯大。

　　勝利在望，配合盟軍 6 月在諾曼第登陸後的進展，丹麥自由
委員會於 1944 年 7 月，發動了哥本哈根大罷工，並藉機燒燬了德
軍在丹麥境內唯一的一座規模龐大的兵工廠。納粹當局居然因此
遷怒於丹麥警察的鎮壓無力，不僅解除了他們的武裝（共九千
人）；並且把二千名警察關到集中營去。但歐洲盟軍總指揮艾森豪
(Dwight Eisenhower, 1890–1969) 卻為此一英勇的行動而公開致敬
並表謝意。是年秋天，英國轟炸機在丹麥自由委員會人員的指引
下，炸燬了德國蓋世太保（Gestapo，即秘密警察）在丹麥的三個
指揮部，大快人心；抗德行動也因之可以得心應手地順利展開。
隨著俄軍的反攻，有二十五萬以上德國難民湧入丹麥，安撫不易，
使納粹當局更為手忙腳亂。糧食不足、經濟困難加上社會秩序的
混亂，形成勝利前夕的黑夜。

　　1945 年 4 月 30 日希特勒自殺，盟軍也已攻入漢堡等地。5 月
4 日下午八時三十四分，英國廣播公司在「丹麥新聞」時間中突

然插播:「本臺頃獲重要消息,盟軍總部宣布,駐在德國西北部、荷蘭及丹麥的德軍已經正式投降!」消息傳開,舉國歡騰,家家戶戶把洋燭點燃在窗臺上,象徵光明來臨。其時,英國和蘇聯的部隊都在急速行軍,以確定各自的勢力範圍。5 月 5 日英軍搶先抵達首都哥本哈根,接受了德軍投降;蘇聯海軍則在 5 月 8 日才占領了波羅的海中的波虹島 (Bornholm)——丹麥的東疆。是故在戰後兩個超強對峙的世界中,丹麥得以歸屬於自由世界,而沒有被關進鐵幕。所以愛好自由的丹麥人,迄今仍感念邱吉爾 (Winston Churchill, 1874–1965) 棋先一著的遠見。5 月 5 日也成了丹麥的抗戰勝利日。

從 1944 年 9 月起就足不出戶,自行幽禁於王宮的基士揚十世,至是始於 5 月 5 日勝利日正式露面,並授權於 1942 年電報危機前擔任首相的布爾重行組閣。他邀請了戰前各黨派的大老和戰時自由委員會的新秀,共同組成過渡政府,來籌備新的大選,來規劃戰後復興的新局面。生於憂患,辛苦地歷經兩次世界大戰考驗,為人民、為自由,鞠躬盡瘁的丹王基士揚十世,終能在大戰勝利,丹麥光復以後的 1947 年才離開人世,享壽七十七歲,其長子繼任王位,稱號費特力九世 (Frederik IX, 1947–1972 在位)。

第二節 費特力九世與戰後重建

慘烈的第二次世界大戰,在沙場戰死的軍人逾一千五百萬,平民死亡更高達六千餘萬,財產損失則逾億兆美金;痛定思痛之

餘，人類乃謀設立維護國際秩序之機構，以保障人類之和平與福祉。戰爭尚未結束之時，早在 1942 年 1 月，中、美、英三國便在華盛頓簽訂了〈聯合國宣言〉(*Declaration by United Nations*)，繼之 1943 年 10 月，中、美、英、蘇四強在莫斯科會議中宣布，要在戰後建立「一個普遍性的國際組織」以促進世界永久和平。迨至勝利在望，乃邀請所有對軸心國作戰之同盟國，共來舊金山參加聯合國成立大會，並通過了〈聯合國憲章〉(*United Nations Charter*)，簽署者五十一國。丹麥雖早在 1940 年便被德國占領，但因其在戰時壯烈地反抗納粹，而「自由丹麥」又早已向德宣戰，對戰爭勝利有其貢獻，故被認為並肩作戰的同盟國家，而應邀參加舊金山會議，成為聯合國的「原始會員國」(Original Member)。

　　為了重建民主政治及恢復國內的法律秩序，丹麥在 1945 年的 10 月便舉行了大選，四個傳統政黨仍然獲得大多數的選票，且一直活躍在政治舞臺上直至 1972 年。共產黨也在本次選舉中獲得了十八個席次，惹人耀目。自由黨的黨魁克里斯登生 (Kristian Kristensen, 1880–1962) 在保守黨和激進黨的支持下組成了少數政府。由於對薛來斯威的領土爭議所通過的不信任投票，國會於 1947 年改選的結果，社會民主黨組閣，海托夫 (Hans Hedtoft, 1903–1955) 擔任閣揆，仍然是少數政府。其時蘇聯繼承帝俄傳統向外擴張的行動愈益明顯；英、美則眼看蘇聯完成了他們所不允許納粹德國完成的事：把東歐關進了鐵幕，又在控制巴爾幹半島後企圖染指希臘和土耳其。為免再蹈姑息政策的錯誤，美國基於肯楠 (George Kennan, 1904–2005) 所提「圍堵政策」(Policy of

Containment) 的理論，於 1947 年接替英國援助希、土。杜魯門總
統 (Harry S. Truman, 1884–1972) 且在國會明白表示，要援助自由
國家抵抗內部少數武裝分子或外來侵略的威脅。從此拉開了「冷
戰」(The Cold War) 的序幕，造成了美、蘇兩大強國對峙的局面。
在地理位置上，丹麥既緊鄰蘇聯，且在歷史上又曾與俄國爭奪波
羅的海的霸權，故備感壓力。尤其在 1949 年捷克共黨以軍事政變
方式奪權成功後，為了國家的安全，只能放棄傳統的中立政策，
而於 1949 年，丹麥與挪威一起加入 「北大西洋公約組織」
(NATO: North Atlantic Treaty Organization)，明確地站在西方民主
國家的陣營。戰後丹麥的經濟情況雖較其他歐洲國家為優，故曾
有許多德、法、華僑為生活而移居丹麥，但究竟由於戰爭的破壞
及納粹德國的壓榨，國民生產總額只剩戰前的二分之一，戰後重
建工作必須依賴美國的馬歇爾經濟復興計劃 （European Recovery
Program，係美國務卿馬歇爾 (George Marshall, Jr., 1880–1959) 所
提，故習稱 The Marshall Plan）。民生困窘，甚至因牛油問題引起
倒閣，1950 年的大選又使自由黨與保守黨合組政府，艾力克生
(Erik Eriksen, 1902–1972) 繼任首相。在新內閣的努力下，丹麥憲
法作了重大修正。

　　1953 年的丹麥新憲法廢止了國會上院，並明文規定政府應向
國會下院 (Folketing) 負責。領土範圍不再訂定於憲法，其增減只
要國會通過後交由公民複決來核定。經過此一程序，海外殖民地
格陵蘭島及法羅群島都升格為自治領。配合新的憲法，〈丹麥王位
繼承法〉也作了修正，使女性後嗣也有權繼承王位，但是公主的

優先次序要低於王子。 1953 年的丹麥新憲法還有一個重大的創舉，就是設立了以澄清吏治及保障人權為主旨的「監察使」(The Ombudsmand) 制度。丹麥國會於 1954 年 6 月依新憲第五十五條的規定，制定通過了〈監察使法〉(*The Ombudsman Act*, Act No. 203)，其中規定由國會選定監察使一名，監督中央及地方政府，接受人民申訴或主動查察公共行政工作之執行，是否合乎法律規定，程序上有否錯失，更應注意其有否善盡維護人權及保護其他國民權利之職責。如發現行政裁決有武斷或不公之處，甚或發現其犯有錯誤或過失時，應向國會主管委員會（目前為司法委員會）提出報告後，送交有關部會或地方政府加以糾正。如發現公務員之行政行為有犯罪之嫌疑時，則應逕行移請檢察機關偵辦。如發現法令規定不盡妥當合理時，亦可建議國會或有關官署加以修正。監察使為執行上述任務，有權調閱有關官署之檔案，有權傳訊有關公務人員來說明。其權責範圍涵蓋軍政及民政、中央及地方，除了教會聖職及司法人員以外之一切公務人員之工作，均可加以查察。監獄與軍營當然是他監督之範圍。是故監察使之職位極為崇高，他必須有精深的法律修養及適當的學經歷。他雖由國會選任，且在每次國會改選後重獲信任才能繼續任職，但他必須不是國會議員，且必須能公正而超然地執行職務，才能獲得民眾的信任、歷史的肯定。 1955 年 3 月，丹麥國會選出哥本哈根大學教授，法學博士霍偉士 (Stephan Hurwitz, 1901–1981) 為第一任監察使，他的確能公正不阿，無私無我地勇於任事，創建了令人敬佩的典範，屢獲國會信任，直至 1971 年年老退休時為止。繼任者倪

爾生 (L. N. Nielsen, 1924–2000) 及其後歷任監察使霍恩 (N. E. Holm, 1937–2016) 等人亦均能秉承他的做法，風骨崢嶸地對抗龐大官僚體系的壓力，而為個別的民眾爭取人權與福利。其對行政措施所提糾正意見，頗受官署尊重；對法令之修正意見，常被接受且均易於通過。每年向國會提出來的工作總報告，更被公私輿論重視，常常成為時論中心，而被大眾媒體所爭相報導。監察使的辦公室可任用秘書長一人、主任秘書一人、科長兩人、調查員十二人及辦事員七人，均由監察使自行依法任免。人事費用及工作支出均應編列年度預算，經國會通過後撥付。又若監察使認為人民之申訴有理，可以公費代為提起行政訴訟，而人民之申訴不必繳納任何費用，足以保障基層民眾之權益。這種別創一格的「監察使制度」，被人認為是斯堪地納維亞對民主法治的新貢獻 (A Gift from Scandinavia to the World)，曾在歐洲人權會議中廣被討論，極受重視。考此種制度之創建，係立基於納粹占領期間人權橫被摧殘，個人無力抗拒官僚體系之經驗，故參照十九世紀時瑞典之制度而設計。但當時之做法，僅在防止行政官署之濫權與不法，讓人民有申訴之管道，與今天丹麥的做法大為不同。中國淵源於古代御史的監察制度，或許可與丹麥的監察使制度相比較；但中國現制放棄了「封駁詔令」、「諫彈君王」的優點；卻保留了「聞風言事」、「不重證據」的缺點，使監委的工作易於流成朋黨鬥爭的工具。同時，丹麥的法律嚴格規定監察使及其工作團隊在進行調查任何案件時，均有嚴守公務機密的義務，不得對外洩漏。必須等到向國會提出報告後，才能讓媒體或其他人士知道。在民

主法治的體系中，監察工作運用之機制，應如何設計才真能達到
保障民眾及公務員雙方之人權，也許我們應該向丹麥學習。

新憲公布後，社民黨再度贏得大選，海托夫復任閣揆，其時
歐洲經濟正在復興，海外航運及國內民生工業均有長足發展。
1955 年海托夫病逝，由外長海紳 (Hans Christian Hansen, 1906–
1960) 繼任首相後，更能善於運用美援及國際合作關係，使丹麥
在經濟繁榮中逐步建立社會福利制度，而獲得民眾擁護，使社民
黨得能連續贏得大選，推出康柏曼 (Viggo Kampmann, 1910–
1976) 及克拉格 (Jens Otto Krag, 1914–1978) 相繼擔任首相而執政
至 1968 年。早在 1958 年，海紳首相便不顧丹麥的傳統外交政
策，毅然同意美軍原子武器進駐格陵蘭島並以之作為飛航基地，
加強了與美國的合作。英國於 1959 年倡組自由貿易協會 (EFTA:
European Free Trade Association) 時，丹麥與瑞典及挪威同時參加，
加上瑞士、奧國與葡萄牙，七國共同簽署了〈斯德哥爾摩協定〉
(*Convention of Stockholm*)。使丹麥在歐洲市場上的貿易更能暢通
無阻，國內工業成長頗為迅速，經濟轉型也頗成功，化學、製藥
及造船工業方面均有可觀成就，而且工廠散布於鄉村，與以往集
中於大都市，形成勞工社會的「悲慘世界」情況大有不同，兼以
農業合作的成就與勞工福利的實施，使丹麥社會逐漸進入公平合
理的境界。1956 年起開始推行國民退休年金，1960 年實施疾病保
險，1965 年增加殘障津貼，以至 1970 年撥付失業補助，且更新
各種法令，建立起有系統的社會安全制度，於 1974 年公布〈社會
援助法〉(*Social Assistance Act*)，而成為進步的福利國家之典範。

他們所堅持的原則是：「社會福利」不是「平民救濟」，而是人人都應享受的「國民權利」。

　　配合經濟轉型與社會進步，在教育文化方面也有長足進步。君主立憲之初，教育文化工作與宗教事務合在一起由「宗教與教育事務部」主管，迨至第二次世界大戰結束後學校及社會教育日益發達，尤其是 1957 年蘇聯發射人造衛星一號 (Sputnik I) 所引起的全球教育改革運動，加重了各國教育行政機構的負擔。為使教育部能全力推動各級教育的改革，政府又能積極負起鼓勵文化發展的責任，丹麥於 1961 年起設置文化部主管文化行政。其時，民間對藝術活動的贊助也活力無窮。除前述嘉士伯啤酒廠二代企業家的熱心以外，在 1958 年又有商人顏生 (Knud W. Jensen, 1916–2000) 捐建了迄今享譽全球的 「路易士安娜現代美術館」 (The Louisiana Museum of Modern Art)，其他義舉及創意活動更無法一一說明。文化部成立後，陸續制訂獎勵及規範文化活動的各種法律，有計劃地結合政府與民間力量共同推展文化活動、建立文化事業，使丹麥逐漸成為世所欽羨的文化大國。

　　隨著財富的增加，小國寡民的丹麥，也勇敢而慷慨地善盡其對國際社會的責任，不僅曾應聯合國的要求，派遣維和部隊遠赴中東的蘇伊士 (1956–1957)、非洲的剛果 (1960–1961) 和地中海的賽浦路斯 (1964)；並且以其國民所得總額的 1% 以上援助開發中國家，首先響應了聯合國的呼籲。越南淪亡時收容大批的難民和戰爭期間對猶太人的救援，更證明了丹麥人的仁慈心腸，他們以具體的行動發揚了社會主義之平等和博愛的精神。

　　1968 年發生的世界性學潮，顛覆了歐美社會西方文明的傳統，推動了大學教育改革，助長了婦女解放運動 (Women's Liberation)；亦產生了一批批的「嬉痞」(Hippie)，他們不滿現實，反對傳統，抗議文明的生活方式，恣意地吸食大麻，罷課鬧學，占領空屋，組織公社，模仿「共產公妻」的集體生活 (Live in Collectives)。當此一風潮開始流行於丹麥時，也引起了相當的衝擊。1970 年，嬉痞青年強行侵入一座廢置的軍營，在那裡過「公社生活」，宣稱那塊營地為「基士揚尼亞自由市」(Fri by Christiania)，同好者聞風而至，一下子聚居了八百餘人。丹麥政府並未採取強制鎮壓或取締驅離的措施，相反的，與他們約法三章，准其自治。日子久了，人性既無「一介不取」之廉，自然不能共產；更無「坐懷不亂」之節，當然談不到公妻；為了謀生，必須勞動；生活也就自然趨於正常。好奇者，搬進去居住；成長後又搬出來生活。三十年，居民來來去去，「自由市」迄今存在，但已經變成了觀光的焦點，大麻與手工藝品的集散市場。當時更由於嬉痞進占「自由市」而使校園得以安靜下來，理性地展開改革的工作。經此衝擊，丹麥的公民社會也愈益成熟。

　　1968 年的大選，強調市場經濟與國際經濟合作的激進黨黨魁龐仕高 (Hilmar Baunsgaard, 1920–1989) 與保守黨及自由黨組成了聯合內閣，但三年後的大選，社民黨再度執政，在首相克拉格領導下奠定了社會福利國家的規模。其時環保團體的聲浪也愈來愈高，從反核運動開始，阻止核能電廠的興建，進而要求管制廢氣、廢水、噪音及有毒廢棄物。政府亦從善如流地於 1971 年創設

環保部，這也是全球各國中第一個設立環境保護官署的國家，自此以後，不僅制訂有關法令，開風氣之先，而且獎勵風力發電以替代核電；研發可以回收利用的各種分門別類的焚化爐和廢棄物處理機等，均卓有成就，極有貢獻於人類未來。

　　1972 年初，費特力九世薨逝，由其長女依照新憲規定繼承王位，是為瑪格麗特二世（Margrethe II, 1972– 在位）。

　　綜觀費特力九世在位二十五年期間，自奉甚儉，統而不治，迅速地重建民主政治，不僅以民主的風度培養了政黨輪替的常規，使治者的權力，立基於被治者的同意；而且以前瞻的眼光，讓政府依據民意，建立社會福利制度；在王室鼓勵下，與民間共同發展文化事業，終使丹麥成為小而美麗，富而公平的文化大國。

第三節　社會福利制度的建立

　　推動社會福利政策以紓解勞動階級的痛苦，減少社會問題的發生，而防止社會主義革命，是俾斯麥在擔任普魯士首相時所倡導的。他於 1871 年制頒〈勞動事故賠償保險法〉及於 1876 年設置「救濟基金」，顯見成效後；便積極地在 1883 年公布〈醫療保險法〉，1884 年公布〈意外保險法〉，並於 1889 年公布了〈傷殘及養老保險法〉，建立起一套自上而下，由政府主動實施社會改革的強迫保險制度。這種德國式的制度當然對歐洲各國在下一世紀推行的社會福利政策，有其重大影響，但由於歷史文化背景之差異，在實施方法上仍有其因地制宜之不同。例如同屬北歐的瑞典，

由於重工業發展迅速，大企業的工人所組織的工會勢力強大，其社會福利措施都是一致而強迫的，胥賴政府的公權力來推行。反觀丹麥則因都會化發生得較早，王室及民間的救助措施辦理在先，政府的社會福利政策擬訂在後；再加上廣大鄉村中農民合作組織勢力之龐大，和愛好自由的葛隆維式思想之普遍，使丹麥的社會福利制度，呈顯尊重個人自由選擇的多元主義的方式，茲分項說明如次：

一、疾病保險

　　丹麥現行的全民醫療制度可分三個層級。第一級是私營開業的「家庭醫生」（General Practitioner，簡稱 GP）、牙醫、助產士及公立的衛生所（尤其在鄉下）之門診。病人只須繳付極便宜的掛號費、部分藥費及鑲牙費用，其他醫療及檢查均由國家負擔。家庭醫師是進入公共醫療系統的守門員 (Gate-keeper)，在經他們檢診結果，認為有作進一步檢查及診療之必要者，才能轉診公私立的專科醫師診所，是為第二級。病人也只要支付掛號費及部分藥費。如專科醫師認為有住院治療之必要或家庭醫生認為情況緊急時，可逕行轉診到醫院。除急診外，第三級的醫院例不接受自行就醫者。在醫院治療之一切費用均由國家支付。當然，自費至私立醫院就診或自購醫療保險，則不受任何限制。

　　丹麥素有重視國民健康的傳統，早在 1672 年便開始立法規範醫療行為，十八世紀已有醫院之創辦，助產士及公共衛生人員之訓練，並注意到傳染病防治問題。1858 年的〈衛生條例〉企圖建

立全國性的公共衛生系統。1892 年便開辦由國家補助的健康保險，投保人數逐年增加，並於 1973 年改制成全民的由國家稅收支付全部經費的公共保險。在 1960 年經濟起飛後社民黨執政時代，各地紛建大型的綜合醫院，但自 1982 年保守黨上臺後，則偏重在設立小型的專科醫院以提昇醫療水準，並圖節省經費、提高效率。根據 2018 年的統計，平均每千人即有四位醫生，其比例高於眾多歐洲國家。更由於家庭醫生、檢驗人員、牙醫和專科醫師都是自行開業、合組診所；而病人又能自由選擇家庭醫師和檢驗單位；故彼此互動良好，關係和睦親切，在丹麥的醫療服務是令人滿意和感到喜悅的。

此外，對殘障及老年病人必須在家繼續療養時，政府也派遣醫護人員巡迴服務，且根據 1946 年修訂的〈醫院法〉，對上述病人之無法獨立生活者，應予以優先住院治療的機會，故也有「長青病房」及其他安養單位的設置。

1970 年調整行政區域、加強地方自治的改革，丹麥全國重劃為現制的十四個郡 (Amt) 及兩個直轄市：哥本哈根和費特力堡。公共衛生與醫療機構是地方自治的業務，故目前除哥本哈根大學附設醫院 (Rigshospitalet) 及傳染病防治所 (State Serum Institut) 為國立外，其餘醫院雖規模龐大，建築宏偉，設施齊全，卻均都是郡立的。丹麥政治之本土化與草根性，於此亦可得一例證。

二、兒童津貼與教育貸款

依 1974 年公布的〈社會援助法〉之立法精神，丹麥認為享受

社會福利是一種「不虞匱乏的自由」，是與生俱來的人權；並不是對窮人的救濟。在 2022 年，兒童津貼以季計算，金額依孩童年齡調整，平均而言兩歲以下的幼童每季有一萬八千三百八十四克朗；三到六歲一萬四千五百五十六克朗；七至十四歲一萬一千四百四十八克朗。當孩童年滿十五歲後，則改領取一個月一萬一千四百四十八克朗的青年津貼，直到成年為止。但為求公平，該津貼具有排富條款，若父母一方的收入超過八十二萬八千一百克朗，補助金額則會減少 2%（每一克朗約為新臺幣四元）。殘障者另有優厚的加給，務使其生活無憂，扶養者也不會因之煩惱。

　　從 1814 年推行強迫義務教育以來，丹麥的國民中小學不僅不收學費，連書籍及學用品也均由政府免費供應。建立社會福利制度以後，高中及大學也都不收學費，亦依是否與父母同住，提供不同金額的教育津貼。年輕學子如有需要，還可申請教育貸款，自 2019 年以降，大學生的教育貸款為每個月三千一百五十五克朗，需於離校就業後分期攤還。學生在教育津貼和貸款的協助下，當可無憂無慮地享受快樂的校園生活，丹麥的確實現了「幼有所長」的理想。

三、失業保險

　　丹麥在工業發展的早期，群居於都會區的工人，便由於鄉村合作社運動及中古基爾特制度的雙重影響而組織工會，他們和雇主間為工資和其他待遇問題經常談判交涉，依勞動市場的供需法則，和平地爭取權益。其後社會民主黨的力量介入工會運動，也

本此傳統努力，不像其他國家的社會主義勞工運動之一味鬥爭與
罷工。1910 年成立的「工業法庭」(Industrial Court) 更是巧妙的
設計，使政府站在超然的立場上，公正地審判工會和雇主公會兩
造的是非，並積極地調解雙方的糾紛。基本上，對失業者的津貼，
乃是各類工會分別辦理的社會保險，唯因政府對保險基金的補助
不斷擴大範圍與增加金額，看起來似乎是政府的津貼一樣。

　　依現行規定，必須是該工會的會員、參加該工會主辦的失業
保險逾一年以上、於過去三年持續工作一年，且具備一定收入者
才能申請失業給付。津貼的金額倒很寬裕，最多可達其工資或薪
津的 90%，至少則為工資的三分之二，各依其所訂保險簽約及當
年政府所核定的勞資雙方所簽勞動協定。面對失業率居高不下的
問題，執政的社民黨 1978 年推出工作機會計劃 (The Job-Offer
Scheme)，通常為政府或公營企業的臨時員工，1985 年保守黨執
政後，則修正為至多給予二次機會，且第二次可能要施予轉業或
進修訓練，俾當事人易於回到勞動市場，做一個「壯有所用」的
人。同時也准年滿六十歲且參加失業保險逾十五年者，得提前退
休，俾能讓出工作崗位給青壯人力。丹麥法定退休年齡為六十六
歲，此種辦法稱為："Voluntary Early Retirement Pension Scheme"。
該計劃於 2020 年 1 月再次修改，允許健康狀況不佳的個人，得以
在正常退休年齡（目前為六十五歲又六個月，但到 2030 年逐漸增
加到六十八歲）前六年退休。

四、退休養老

丹麥式的「老有所養」，不同於德國之由在職機關（政府或企業）撥付退休金，也不同於瑞典之由國家支付老年津貼，而是採取一種較為自由、更多選擇的折衷制度。每一丹麥國民都能享受一份基本的老年津貼，安度晚年。其中包括生活津貼（九十年代約為每月四千克郎，但若擁有財產而另有收入者，予以比例減少）、房屋津貼（若無自有住屋，由地方政府配住國民住宅或給予相當租金的津貼），並可享受醫療保險及巡迴看護（包括鋪床、住屋整潔、庭院除草及供應便當等）等社會福利。此外可向在職時所參加的保險，申請退休給付。當然領到退休給付後，也要比例減少老年津貼，退休給付愈高，老年津貼愈少。同樣的，如有財產收入（如利息、股利或房租等）也應減少或停止老年津貼，以符合平等的原則。

綜上可見，居住於丹麥，猶如生活在其他的北歐社會福利國家一樣，人人可以在平等的基礎上，無虞匱乏地享受生存發展的權利，但龐大的社會福利支出，迫使政府必須徵收鉅額的稅金來應付。北歐各國的加值稅率均高於歐洲其他國家，丹麥的綜合所得稅率更從 48% 開始，使人難於負荷。以致近年來產生了要求減稅及提高行政效率、減少公共支出的政黨。在學理上也形成了「社會福利工作究應由政府統籌辦理，抑或應分別交由義工團體來經營？」之爭議。縱係如此，吾人相信：丹麥人在「兩願民主」(Consensual Democracy) 的原則下，所建立的「既自由又平等」之

社會福利制度必定能歷古常新地繼續發展。

第四節　小國寡民的文化大國

　　丹麥雖然是一個只有五百餘萬居民的小國，本土面積也只剩下四萬三千平方公里；但其風景秀麗，令人入迷，遍布各地的文化古蹟與蓬勃多樣的藝術活動更使人陶醉。而且不論城鄉，家家戶戶都充滿著花香與書香，即使深入窮鄉僻壤，你不僅可以閱讀房東的藏書，並可經由鄉鎮或學校圖書館的連線而向大學或各中央圖書館借書。兒童們也都養成了臨睡前聽大人們朗誦故事書（不是講故事）的習慣。進入了這樣一個充滿了文化氣息的國家，對我們文明古國的國民來說無法不興起「禮失而求諸野」的感嘆。

　　丹麥歷代君王對藝術素極熱心，早在十七世紀晚期，基士揚四世在位期間，營繕宮室、興建城堡、獎掖人才，助長建築與美術的發展，推動了丹麥的文藝復興。其後各項文化活動之發展，更賴王室之贊助。例如十八世紀的劇作家賀爾貝，及十九世紀的童話作家安徒生等，都是在皇家獎助下才能出國進修，歸而大成。1722 年建立皇家歌劇院，1730 年創辦皇家瓷器廠，1820 年延聘法人布儂薇組成皇家芭蕾舞團，1838 年促使大雕塑家杜凡生返丹定居等，均可見王室對文化藝術的熱心。尤其是費特力六世接任王位後，雖因對英、瑞戰爭失敗，被迫割讓挪威，民生凋弊，財政困窘之際，他持續支持皇家藝術研究院的運作，透過此一機構：⑴撥款購買丹麥及外國藝術品。⑵獎助學者及藝術家至國外進修。

尤其是到義大利、法國及荷蘭，期間自三個月至六年不等，但回國後必須展示研究成果。⑶任命為皇家藝術家等職位，發給薪津甚或終身年俸；應聘者當然亦有繪畫皇族肖像或呈獻作品之義務。面對反對者的諫諍，費特力六世甚至慨言：「國家再窮，也不可停止對文化藝術的贊助，除非我們愚昧得又成為野蠻民族。」正說明了哥本哈根為何迄今仍是歐洲文化重心之一的真正原因。

1849 年君主立憲後，文化行政由王室移交給政府接管，主管單位為宗教與教育事務部，但仍由皇家藝術研究院擔任幕僚工作，並須經國會通過後才能撥款。1930 年代以後，各種文化及藝術專業團體紛紛成立，並要求參與政府設計及推展文化活動之決策，而形成了政府官僚與各類專家共同評議的委員會制度。此外，為了穩定文化及藝術活動的財源，於 1935 年設置了以推展音樂、戲劇及有關文化活動，尤其是維持皇家歌劇院的演出為目的之「文化基金」(Cultural Fund)。1956 年又設置了「藝術基金」(Statens Kunstfond)，用以：⑴培育有潛力的藝術家（包括建築師、音樂家及文學作家）並獎勵其創作；發給獎助金一至三年。⑵基於需要，對有豐富創作成績的藝術家，發給獎金一次。⑶照顧藝術家的遺族。

由於社會文化及藝術活動日益發展，政府經營的文化事業又不斷增加，為求加強服務，提高效率，於 1961 年成立文化部專責其事。文化部在部次長下，設六司一室分掌有關業務，並置各專業委員會負責審議、諮商及研究工作。丹麥的地方自治分作兩級：在十四個郡及首都區的兩個直轄市（哥本哈根與費特力堡）之下，

分設二百七十五個鄉、鎮、區 (Kommune)。地方政府均採意思機
關與執行機關合一的委員會制。市參政會 (Der Magistral) 及郡委
員會 (Amtsrad) 之下設文化小組 (The Committee for Culture
Affairs)，決定各地的文化政策與預算，交由文化局協調各專業機
構及有關團體來執行。鄉鎮區委員會的文化小組則在決定工作計
劃與預算後，交由文化科來執行。文化工作與體育活動原係鄉鎮
區最重要的自發性自治活動，而體育館、運動場、博物館、圖書
館、劇院及樂團之設置及維護，尤為地方政府無法規避的責任，
亦為對社區民眾最直接的服務。唯晚近建築規模日大，設備器材
日新，面對日益增多的龐大開支，不能不申請中央政府之補助。
文化部成立以來，為提昇文化活動之水準，逐年擬訂大規模的計
劃，編列預算補助各地方政府辦理。當然，文化部更重要的工作
則在提出獎勵及規範文化工作的法律草案，送請國會通過後，由
國王公布施行。例如 1963 年的〈劇院法〉，1964 年的〈藝術法〉
及〈博物館法〉，1976 年的〈音樂法〉等，均替高速行駛的丹麥
文化活動鋪設了良好的軌道。至於目前由文化部直接管轄的機構
則有下列各種：

一、圖書資料方面

1. 國史館 (Rigsarkivet)——典藏王室及政府的檔案及資料，自
   1889 年成立迄今。
2. 四座地方性文獻資料館——分地區典藏地方文獻及鄉土資料，
   加以整理後展示及發表。

3. 商業資料館 (Erhversarkivet)──1948 年成立，收藏商業發展有
　 關資料，並出版《商業史年鑑》。

4. 皇家圖書館 (Det Kongelige Bibliotek)──早在 1648 年便成立，
　 不僅收藏國內外圖書，且所有丹麥之出版品均需寄交樣品給該
　 館。目前藏書逾二百九十萬卷，縮影片十一萬八千卷及手抄卷
　 五萬冊。此外還保存有中國大唐景教碑的拓本及多種善本圖書，
　 令人欽羨及尊敬。

5. 聯繫十二所大學圖書館，十六所郡（市）總圖書館及二百四十
　 五所鄉鎮圖書館，構成全國讀書網。丹麥人喜歡看書，購書率
　 名列世界前茅，每年出版的丹文書一萬本，平均每五百人出版

圖 48：皇家圖書館舊館

一本書，比美國四千六百人才出版一本書的比例高出許多。

6.文化部並設有國際圖書及出版品交流處、圖書館學校及圖書館事業諮詢顧問委員會等單位。

二、美術館及博物館方面

1.皇家藝術研究院——成立於 1754 年，提供有關藝術諮詢、獎助藝術家及照顧其遺屬的工作。

2.國立美術館 (Statens Museum for Kunst)——收藏自十四世紀以來歐洲各國和丹麥之圖畫及雕塑作品。

3.國立博物館 (Nationalmuseet)——典藏及研究丹麥之歷史文物，且包括了維金人和因紐特人的文化遺跡。分設民俗村、自然博物館、戰史館、錢幣館等單位。

4.費特力堡歷史博物館 (Det nationalhistoriske Museum på Frederiksborg Slot)——係利用費特力宮改建而成。這是一座四周用人工湖及森林圍繞而成的王宮，據說，也是北歐最美麗的宮堡，建築本身便是藝術傑作，其中展示丹麥歷代王朝的歷史及文物。

5.輔導民間自辦的嘉士伯博物館 (收藏希臘羅馬文物)、路易士安娜美術館 (展示現代藝術)、杜凡生美術館 (專門典藏杜氏的代表作) 以及各種專業及地方博物館等，合計二百八十六所。另外，五座動物園也由該部監督。

6.文化部並設有美術學院 (Billedkunst Skole)、建築學院 (Arkitektskolen i Aarhus) 及博物館委員會等單位。

三、音樂、電影及戲劇方面

1. 皇家劇院 (Det Kongelige Teater)——始建於 1774 年，現有大小兩個劇場，並附設交響樂團、芭蕾舞團、歌劇團及芭蕾舞學校等。

2. 丹麥電影博物館 (Det Danske Filmmuseum)——與丹麥電影學院及國立視聽資料中心等單位，同設於一座建築內，人員流通，器材設備互用，密切合作地發展電影事業。

3. 在歐胡市、歐恩寨及奧爾堡等大城均設有歌劇院供音樂演奏及戲劇表演之用。設在其他城市及小鎮之劇院，不計大小，共有六十四座之多，音樂廳更為普遍，加上利用體育場及草坪等所架設之臨時演奏場所，每逢仲夏音樂季節，幾乎舉國同歡，與民偕樂。此類活動也就成為在文化部指導下，各地文化機構必須積極輔導的工作。

4. 電影迄今仍是丹麥民眾最喜愛的娛樂之一，全國共有二百四十座電影院及四百二十八座可以提供電影放映的場所，遍及離島及僻遠的鄉村。首都哥本哈根且早在 1980 年代便興建了一座擁有大小不等二十個放映廳的現代化電影院，走在世界潮流的前面。如何輔導電影事業的發展，也是文化部的主要業務。

5. 國立電視及廣播公司 (Danmarks Radio)——設有全國性電視及廣播網。自有線電視發達以來，民營電視臺不斷增加，且可收看歐洲各國的電視，資訊頗為方便。公私營的漁業及地方性廣播電臺更遍布各地，兼以電腦網路的進步，丹麥早已進入通訊自由的資訊世紀，如何擬訂有關法律則正是當前時論的焦點。

6. 全國有音樂學院四所、戲劇學院兩所，另有一所演員專科學校
及哥本哈根市立音樂實驗中學 (St. Anna Gymnasium)，也均受
文化部之獎助。

四、基金會及其他社團

1. 國家藝術基金——1956 年創立，為國家獎助文化活動最主要的
機構，於董事會下依不同藝術領域，分設十六個委員會，分別
負責審核有關專案之經費補助及擬訂發展政策。
2. 文化部為集思廣益，設有各類諮詢委員會，如故宮文化局考古
工作組 (The Palaces and Culture Agency, archaeological working
group)、文化遺產委員會 (Cultural Heritage Committee) 等，定期
集會，聽取有關專家及專業人士的意見。
3. 聯繫民間自行設置的各種文化基金會，如快桅集團 (A. P.
Møller-Mærsk Gruppen) 捐設的 A. P. 慕拿基金會 (A. P. Møller
Fonden) 及 嘉 士 伯 啤 酒 公 司 捐 設 的 嘉 士 伯 基 金 會
(Carlsbergfondet) 等，均可於必要時共同舉辦大規模的文化活
動。使精緻文化與大眾文化得以互相輝映。
4. 與各文化工作人員組織的工會，如作家協會 (Dansk Forfatter
Forening)、戲劇工作者協會 (Danske Dramatieres Forbund)、作
曲家協會 (Dansk Komponist Forening)、圖書館管理員協會
(Bibliotekstilsynet) 等經常溝通協調，以形成切實可行的政策，
辦理眾所欣賞的活動。

綜上可見，丹麥政府是何等重視文化工作，由中央至地方，體系完備，法令周全，而且不惜工本地投入豐沛的人力與大量的經費，使他們的文化保有特色，受人重視，雖係地理小國，卻因文化上的成就，在國際間昂首闊步，照樣有大國雄風。在歷史上，從 1814 年實施國民義務教育開始，他們曾「靠文化救國，靠文化圖存」。今天，丹麥人民則更是「因文化而富，靠文化而貴」。當有人問丹麥人為何如此重視文化藝術時，前首相施魯特 (Poul Schlüter, 1929–2021) 的答覆是：「為什麼不？沒有文化和藝術的人生，只剩下物質，是沒有意義的人生。」

第五節　格陵蘭與法羅群島

丹麥本土面積雖小，但迄今仍在海外保有兩塊幅員廣大的自治領：格陵蘭和法羅群島。茲分別簡介如次：

一、格陵蘭

位於北大西洋，地理上屬於美洲的格陵蘭是世界第一大島，面積有二百十七萬平方公里，但人口只有五萬六千餘人，其中 90% 為因紐特人。早在西元前二千五百年，覆蓋島上的冰河，開始有些微融化時，就有他們祖先的蹤跡，但直至十世紀地球暖化，島上高地逐漸浮出海面，以獵取海豹及鯨魚為生的因紐特人才開始在此定居。形成「土萊文化」（Thule Culture，或稱北極圈文化）。當維金人從挪威西進到冰島後，愛力克 (Erik The Red, c.

950–c. 1003) 又於 985 年到格陵蘭殖民，建立農莊與捕獵海豹的漁場，並且成為因紐特人與歐洲貿易的中介。海象牙與鯨魚角是最受歡迎的珍貴貨品。天主教會於 1124 年按立了一位主教駐守格陵蘭，到了 1261 年，該島便成為挪威王國的屬地。1397 年又隨著挪威併入斯堪地納維亞聯邦，而成為丹麥的屬地。維金文化與土萊文化在島上平行發展，互相影響；其人民更能和睦相處，通商貿易。

十六世紀中葉，英人福祿庇西 (Martin Frobisker, c. 1539–1594) 及戴維士 (John Davis, c. 1550–1605) 從加拿大航海抵此，與因紐特人有十年的貿易交往。十七世紀初，荷蘭人也曾試著來格陵蘭捕鯨。但十八世紀時，丹麥政府又加強了對格陵蘭的統治，先於 1721 年派遣信義會教士易格德 (Hans Egede, 1686–1758) 來加強北歐移民對基督的信仰，1774 年成立格陵蘭招商局統籌該島貿易事務，使因紐特人出售的產品獲得公平的價格保證，也負責輸入該島所需的民生必需品。在十九世紀時，創立教育學院以培訓師資、推行義務教育，不僅使當地方言得以保存，亦加強了西部移民地區的地方自治，並且與東部原住民區域有更多的交往。1878 年又指派一個委員會來調查當地的地質與民俗，也因此培養了第一位丹麥的格陵蘭專家藍士穆生 (Knud Rasmussen, 1879–1933)，他的研究成果和收藏的土萊文化遺產曾多次展覽，深受重視。

由於氣候變得溫和，附近海域已利於通航及捕魚，也引起了鄰國對格陵蘭領土的爭議，1917 年時美國便主張丹麥領土僅限於有北歐移民居住的北部，但經提起訴訟後，海牙國際法院於 1933

年判決：丹麥主權應及於格陵蘭島全部。1940 年德軍占領丹麥時，丹駐美大使考夫曼 (Henrik Kauffmann, 1888–1963) 立即與美國簽署協定，允准美軍使用及協防該島，而成為戰時盟軍在北大西洋的重要基地。戰爭勝利後，復因參加北大西洋公約組織，與美國於 1951 年簽訂共同防守協定而准美國興建「土萊空軍基地」(Thule Air Base)，另由美軍協建之東部 (Kulusuk) 及西部 (Søndre Strøfjord) 機場，則交由自治政府自行管理。

　　1953 年丹麥新憲法施行後，格陵蘭取得自治領的地位，得自行成立地方議會 (Landsting)，選任自治政府 (Landsstyre)，並得選出兩位議員參加丹麥國會。1973 年丹麥國會通過的〈地方自治法〉(*The Home Rule Act*) 更准許自治領可以自行訂定地方法規，辦理地方事務。2021 年時，格陵蘭議會中有五個政黨：(1)因紐特人共同體 (Inuit Ataqatigiit)——長期為格陵蘭的執政黨之一。支持以和平方式從丹麥獨立，並退出歐洲經濟共同體；(2)前進黨 (Siumut)——主張格陵蘭獨立。作為社會民主主義政黨，亦支持私有化及市場經濟；(3)納雷拉克黨 (Naleraq)——傾向獨立自治；(4)民主黨 (Demokraatit)——對獨立抱持懷疑態度，關注教育和居住水準；(5)共同體意識 (Atassut)——主張自由經濟及與丹麥保持聯合的關係。

　　格陵蘭 2020 年的貿易出口額為十三億三千萬美元，以魚類與甲殼類產品為主，其中魚類占近 44.24%，甲殼類占 56.3%。主要出口到丹麥 (52.6%)、中國大陸 (19.2%) 和日本 5.71%。貿易進口額為七億七千萬億美元，70.2% 的進口來自於丹麥，主要進口物

資為石油。如何開發天然資源，挖掘地下礦藏、海中石油及建立
適當的工業，是格陵蘭五萬六千居民共同努力的目標。首府為努
克 (Nuuk)，約有居民一萬八千餘人。

　　格陵蘭的居民可以享受跟丹麥本土一樣的社會福利，其經費
必須靠丹麥政府的補助，目前是每年三十九億克郎。除軍隊外，
司法和警察人員也由中央政府任用，並負擔其費用。為了保存本
土文化及培養自力更生的能力，自治政府非常重視教育，除了已
有兩百年歷史的教育學院外，還創辦一所小規模的大學。在首府
及魁各圖 (Qaqortoq)、阿西奧 (Aasiaat) 等三個城市設有高級中學，
在全島各主要社區設有十四個職業學校，培養建築及土木工程、
金屬工業、航運海事、商業及行政等行業所需要的人才。國民學

圖 49：努克一景

校更遍及各個村落，使青少年有平等的受教育機會。1972 年創立的美術學校及 1985 年新設的戲劇學校，更對整理及光大「與日常生活及宗教信仰密切關聯」的因紐特文化，有很多貢獻。歷屆展覽及演出，均引起文化人類學界和愛好藝術人士的注意。最近丹麥政府又決定，把收藏多年的因紐特文物，交還給格陵蘭，俾其建立全球因紐特文化的中心，如再能配合水力發電廠的增建、交通運輸系統的改善、地下寶藏的發現，則史多各 (Mathias Storch, 1883–1957) 所寫的預言小說：《一個格陵蘭人的美夢》(*Singnagtugaq*, 1915) 或許可以成真。

二、法羅群島

法羅群島是在挪威的西方，相距約六百五十公里，共有十八個島嶼及一些岩礁，它與蘇格蘭及冰島共同位於一條沉降的山脈上，把挪威海與北大西洋分開。面積一千四百平方公里，人口四萬九千人，有三分之一居住在斯特利漠 (Streymoy) 島上，其他三分之二遍布於十六個島嶼。首府楚士聲 (Tórshavn) 有居民一萬三千餘人。因受冰河期嚴重的切割，地質多屬玄武岩，雖氣候溫和，仍不長樹木，僅生野草及少許灌木，可以牧羊。經常維持羊群在十萬頭以上。羊肉、魚鮮及馬鈴薯構成了當地的美食。由於嚴格的清教徒信仰，不僅禁絕煙酒，連啤酒也幾乎淡到沒有酒精。但他們能歌善舞，文化修養極高，目前活躍的合唱團員超過六百位，參加作曲家協會的音樂工作者也有一百人。法羅文化原本係透過民謠、傳說、故事及日常生活心口相傳的，直到 1846 年才由漢瑪

相伯 (Venceslaus Ulricus Hammershaimb, 1819–1909) 創造了法羅文，並且由一群留學哥本哈根的愛鄉學生，競相用以創作愛國詩篇及紀錄民族傳說，而恢復了固有的本土文化。到二十世紀，已經產生了馬特拉士 (Christian Matras, 1900–1988)、海尼生 (Jens Pauli Heinesen, 1932–2011)、霍旦 (Gunnar Hoydal, 1941–2021) 等聞名歐洲的法羅文作家，他們生動地描述由傳統的農牧社區，演變成現代化漁業國家的過程，更成功地詮釋其進步的動力來自愛好自由的法羅精神。表現海島風情的鄉土畫家詹生－米開尼士 (Sámal Joensen-Mikines, 1906–1979)、雕塑家康朋 (Janus Kamban, 1913–2009) 等，也頗受歐洲美術界的歡迎。1993 年開幕的楚士彎美術館中所收藏的本土藝術家們的作品，更值得欣賞。

圖 50：法羅群島壯麗景色

　　早在九世紀，已經有維金人的部落來此殖民，但直到十一世紀法羅群島才正式成為挪威的屬地，並且接受基督教的洗禮。當1380年挪威國王哈康六世薨逝，把王位傳給已擔任丹麥國王的太子烏洛夫時，使法羅隨之成為丹、挪聯合王國的屬地。1814年因拿破崙戰爭的失敗，挪威被迫脫離丹麥而改與瑞典聯合時，法羅群島卻繼續留在丹麥，且於兩年後成為丹麥王國的一郡 (County)，從1821年起由丹麥中央政府任命郡守。

　　如同丹麥其他地區一樣，國民教育已經普及，且設有中學及職校，但必須到哥本哈根去讀大學。這一群聚集在丹京的法羅青年俊英，身處異域，更添鄉愁，常常在一起討論保存固有語言、推廣本土文字及發揚法羅文化等問題，逐漸在衣福瑞 (Rasmus Effersøe, 1857–1916) 及潘土生 (Jóannes Patursson, 1866–1946) 領導下，於1889年組成了「法羅協會」(Føringafelg)，提出讓法羅群島自治的要求。丹麥國會亦迅即於1906年通過了准其試行自治的決議。推行自治的結果，很多原來由中央所辦的業務，現在要改由地方辦理，稅收負擔加重，也引起了部分人士反對。地方議會中於是分成兩派：⑴聯合黨 (Sambans)，主張加強與丹麥的關係，以爭取更多的補助；⑵自治黨 (Selvstyre)，主張加強自治政府的效能，以謀求自力更生。前者與丹麥社民黨聯盟，而後者與丹麥自由黨的政策路線較為接近。二次大戰期間，德軍侵入丹麥，英國立即占領了法羅群島。戰後於1946年9月14日舉行公民投票，決定其歸屬，結果投票率為66.4%，贊成繼續留在丹麥王國內者為48.7%，贊成完全獨立者47.2%，更形成了雙方意見的分

歧；幸 9 月 25 日國會改選結果，聯合黨贏得絕大多數，使政治形勢復歸安定。丹麥國會於 1948 年所制頒的〈自治法〉，也賦予法羅地方議會 (Faroese Lagting) 更大的權限，不僅辦理自治業務，並可使用本土語文，保留固有的國旗。自治政府也獲得授權，可自行辦理對外貿易及國際交涉等事項。1953 年丹麥新憲法正式承認法羅群島的自治領地位，同時保障其選任兩名國會議員之名額。由於國際漁產品價格持續低平，且又受到保育運動的衝擊，自治領的經濟胥賴本土支援，而自治政府的財政更要靠中央的補助來平衡，其國會議員人選極為重要，通常都是當地重要政治領袖。法羅群島雖小，但作為丹麥議會的十二個選區之一，保有兩個議員席位。其中一位自治黨推選的前議員布力克曼 (Oli Breckmann) 在議會頗具影響力， 並獲頒丹尼布洛騎士團勳章 (Knights of the Order of the Dannebrog) 表彰他傑出的功績。他至今活躍於媒體，曾擔任《法羅日報》社長，無論是島上內政問題或國際爭端都能辯才無礙發揮精闢政治見解。

　　自 1920 年代以來，漁業一直是法羅群島的主要經濟來源，佔出口的 90% 至 95% 和 GDP 的 20%。透過法羅群島兩百英里的專屬漁業區、漁業協議和國際水域的魚類資源，已成為全球魚品貿易市場的重要參與者。 然而， 該島的經濟來源也逐漸多元化。 2014 年，島上的機場開設了一個新航站樓，成為全球旅遊理想目的地，旅遊業實現兩位數增長，並計劃直飛歐美國際機場的直航航班。法羅群島旅遊局的官方目標，即為於 2025 年創造十五億克朗的旅遊業。但增長強勁也使得旅遊業決心避免法羅群島遭被過

度地旅遊。在 2020 年 4 月舉辦活動，關閉旅遊景點，僅向幫助維
護景點並促進永續的志願者遊客開放，以保護這片被譽為地球上
最未受污染的土地之一。

Denmark

第 IV 篇

丹麥的全球化

瑪格麗特二世
與丹麥的未來

第一節　勤政愛民的瑪格麗特二世

　　費特力九世虛心勤慎地領導丹麥，於戰後重建自由民主的國家，不僅對外協和友邦，積極參與國際社會的活動；而且在內政上，社會民主黨多次組閣的結果，使進步的社會福利制度逐步建立；政府和企業共同努力的結果，更形成了受人尊敬和愛慕的文化大國。在完成了他那一世代的任務以後，費特力九世於 1972 年初薨逝，王位由他的長女繼承，是為瑪格麗特二世（原名全文為：Margrethe Alexandrine Torhildur Ingrid）。她出生於 1940 年 4 月 16 日，母后英格麗 (Ingrid, 1910–2000) 原係瑞典公主。依據 1953 年新憲法所修正的王位繼承法，瑪格麗特於 1959 年正式被立為王儲，她也從十九歲起被父王刻意培養，接受王儲的教育，於高中畢業後，先受皇家空軍軍官訓練，再至哥本哈根大學讀畢哲學碩士學位 (1960)，之後前往劍橋大學 (1960–1961) 攻讀政治學，又返

國在歐胡市大學 (1961–1962) 肄業後，再被送往巴黎大學 (1963) 及倫敦政經學院 (1965) 攻讀經濟。她最感興趣的則是考古學，且曾追隨外祖父瑞典國王古斯塔夫六世（Adolf Gustav VI, 1950–1973 在位）到羅馬及尼羅河流域的努比亞古國 (Nubia) 去挖掘古物，從事田野研究。瑪格麗特女王也有很高的文學與藝術才賦。當丹麥電臺要把安徒生童話 《牧羊女與掃煙囪工人》 (*Hyrdinden og Skorstensfejeren*, 1845) 攝製成電視劇時，其人物造型及場景設計便是根據女王所繪的水彩畫。而且，女王還熱心地參與工作，不僅提供有關的皇家瓷器作樣品，並為劇中人物一一設計了服裝。她不厭其煩地參與排演時的討論，她不擺架子地親自蹲在地上製作，不僅鼓舞了工作人員的士氣，且更拉近了與民眾的距離。對她而言，為民眾創造快樂，便是她自己最大的快樂。這部電視劇後來也曾隨女王的美術作品展覽，在巴黎、紐約等地播出，頗受好評。為小朋友們，女王每年繪製聖誕月曆及歷史故事的插畫，也曾為教士們設計禮服，為郵票繪製圖案，為格陵蘭設計了標誌：「黑暗中的火光」 (Lys i Mørket)；更為許多公益團體創作了不計其數的工藝品。 並且曾與王夫亨利 （Hanri-Marie-Jean-André, Count de Laborde de Monpezart，出生於 1934 年）用筆名 "H. M. Vejerbjerg" 翻譯了一部法文的小說。女王真是多才多藝，創作活力洋溢。她每次演講，又都能深入淺出，優美而踏實地引起共鳴，用字遣辭都被譽為最標準的丹麥話，而曾被丹麥語言學會獻贈獎章。

　　瑪格麗特二世於 1967 年 6 月 10 日與在倫敦留學時結識的法國外交官亨利結婚，1972 年正式登基，成為丹麥歷史上第一位

依法冊封的女性國王，也是歐洲最古老的丹麥王室（千年來未經革命，未被更易）第二位令人驕傲的女性國家領導人。瑪格麗特一世在十四世紀攝政時，統一北歐，建立斯堪地納維亞聯邦，為丹麥光榮盛世，而今瑪格麗特二世繼位，民眾咸盼她能帶領丹麥恢復民族固有的光榮。受過嚴格教育與良好教養的女王，既登重寶，膺此重任，亦確能本著「上帝恩佑，人民愛戴，

圖 51：瑪格麗特二世與長子費特力

丹麥力量」(Guds Hjælf, Folkets Kærlighed, Danmarks Styrke) 之王室信條，以王權保障民主（二次大戰期間，老王的表現是最好的證明），以勤儉增進福利，以獎掖人才推動國家進步，而深受人民愛戴。根據民意調查，她獲得全國民眾 97% 的擁護，所以當國會中有人詢問：「鄰國正在討論『應否廢君主改共和』，我們是否也應加以檢討」時；首相施魯特痛快地答覆：「不必多此一舉！因為我們只要推女王為總統候選人，不知有誰能夠和她競爭？何況政府所支出的王室費用極少，比起任何國家的總統支出要節省得多，更不用說競選費用和社會成本了。」的確，女王的節儉，全國皆知。她經常輕車簡從，不喜排場，親自到市場或百貨公司購物，也陪兩位王子騎腳踏車郊遊。但她和王夫亨利不辭辛勞地，親自領導皇家基金會、國際紅十字會、丹麥防癆協會、全國防癌協會、

皇家帆船俱樂部、狩獵俱樂部、奧林匹克委員會等團體，並毫不吝惜地以王室收入輔助文化、體育及公益活動。為了宣揚丹麥文化、推銷丹麥產品，女王還常由王夫陪同周遊列國，訪問友邦。1972年登基後首先於次年訪問北歐鄰邦：瑞典、挪威、冰島和芬蘭。1974年訪問英國和德國，翌年訪問蘇聯及荷蘭，並至英國接受劍橋大學名譽法學博士學位及倫敦政經學院的名譽院士頭銜。1976年訪問比利時、盧森堡、美國及浮琴尼亞群島（原為丹麥屬地）且接受尼布拉斯加大學的榮譽博士學位。1977年訪問義大利和南斯拉夫，1978年訪問法國、愛爾蘭及南薛來斯威。1979年到澳洲與中國大陸，1980年接受英國的嘉德大勳章和倫敦大學名譽博士學位，1981年訪問日本、香港和泰國，1983年訪問西班牙，1984年訪問葡萄牙及沙烏地阿拉伯，1985年訪問瑞典，加強盟約，1986年訪問埃及，1987年再訪澳洲，並訪紐西蘭及匈牙利，1988年訪問摩洛哥，足跡遍及各大洲，1991年訪問北美洲到美國和加拿大，1992年訪問波羅的海三國愛沙尼亞、拉脫維亞和立陶宛，再到訪鄰國挪威，1993年波蘭，1994年訪問剛解體為兩國的捷克共和國和斯洛伐克，1996年前往南非，1999年首度前往南美洲，到訪巴西，2000年二度訪問英國後，再前往羅馬尼亞及保加利亞，2001年二度訪問泰國後，再前往斯洛文尼亞，2002年訪問比利時，2004年日本，2006年希臘，2007年韓國，2008年坦桑尼亞和墨西哥，2009年越南，2011年再度訪問俄羅斯時，女王三十六年前訪問的蘇聯已解體，2014年她到訪克羅地亞和中國大陸，2015年訪問印度尼西亞，2017年加納，2019年阿根廷，

2021 年再度訪問德國 ， 與四十七年前不同的是德國已經統一 。
2022 年為瑪格麗特女王登基五十週年，她成為丹麥歷史上在位時
間第二長的君主，僅次於基世揚四世（在位六十年），丹麥舉國上
下更是為此舉辦盛大慶典。

　　在瑪格麗特二世年間，丹麥成為國際社會活躍的一員，不僅
應聯合國之請，派遣維和部隊前赴南斯拉夫地區阻止戰爭，且慷
慨地提供人道援助及對開發中國家的發展援助。聯合國於 1970 年
通過決議，要求先進國家以全國生產總額的 0.7%，作為援助開發
中國家的金額 (ODA: Official Development Assistance)，但很少國
家能夠做到。以 1996 年為例，美國的援外款項僅占全國生產總額
(GNP) 的 0.12%，日本是 0.20%、英國是 0.27%、德國是 0.33%、
法國是 0.48%、但丹麥則為 1.04%，遠超過聯合國的要求，以比
例來說，位居世界第一，而且其援助的對象，既非以往的殖民地，
也沒有戰略價值或重大的經濟利益，純粹是人道的關懷或有助於
生態環境之保護，故學者們認為，丹麥的援外政策富於理想主義
色彩，不僅贏得了國際友誼，且也使丹麥人民得以活躍於有關國
際組織中，發揮其較大的影響力。

　　鑑於在二十世紀已遭遇兩次世界大戰的慘烈教訓，戰後歐洲
各國力圖統合，以謀復興。在外交政策上向來富於理想主義色彩
的丹麥，也欣然投入此一運動，而逐漸放棄了中立主義。1972 年
10 月公民投票通過後，丹麥於翌年元月隨同英國加入「歐洲共同
體」(European Community)，經濟合作的步伐雖然迅速，但隨之
而來的政治統合，進展卻相當緩慢。從 1982 年開始，長達十年，

連續在施魯特領導下，由保守黨領導組閣的少數政府之歐洲政策，以審慎樂觀的態度小心前進。1986 年的公民投票，肯定了走向單一歐洲的統合目標， 1987 年歐洲共同體高峰會議在哥本哈根舉行，瑪格麗特女王偕王夫亨利在亞瑪麗宮竭誠接待，營造了歐洲大家庭歡樂和睦的氣氛。1989 年東歐自由化的成就，更鼓舞了歐洲統合的進展，1990 年的公民投票，使丹麥清楚地採取贊成建立「歐洲聯盟」(European Union) 的立場，而於 1992 年 2 月簽署了〈馬斯垂克條約〉(*The Treaty of Maastricht*)。翌年，因司法部長甯漢生 (Erik Ninn-Hansen, 1922–2014) 引用 〈移民法〉 不准塔米爾（Tamil，分布於印度南部及錫蘭的少數民族）難民居住，被認為違反人道原則，而引起了倒閣風潮，結束了施魯特長達十年的保守政府，使社民黨得以聯合自由激進黨、中間民主黨 (Centrum-Demokraterne) 及基督民主黨 (Kristendemokraterne) 重新執政，以拉士穆生 (Poul Nyrup Rasmussen) 為首相，雖 1994 年的大選減少了基督民主黨，1996 年的大選又使中間民主黨退出了內閣，但社民黨與自由激進黨仍攜手共為維護正義而公平的社會福利國家而努力；且必須在順應國際趨勢邁向歐洲統合的同時，顧及保存丹麥傳統文化的民意。 主張減稅及反對移民的 「丹麥人民黨」(Danmarks Volkspartei) 在果敢而親民的鐵娘子祁璦閣女士 (Pia Kjærsgaard) 領導下，吸引了無數群眾，在 1998 年 3 月的大選中，躍居為第三大黨。社民黨雖在激進黨的支持下，勉強維持了政權，但在野的兩大政黨卻必須因選票流失而更換黨魁。自由黨的新任黨魁是拉士穆生 (Anders F. Rasmussen) ， 保守黨則由魁木蘭女士

(Pia Christmas-Møller) 出任，他們都必須重整旗鼓，革新組織，才能在民主政臺上再決勝負。他們瞻望歐洲統合的前途，並求經濟發展，共同支持執政黨「加入歐元 (Euro)」的政策，然而朝野四個傳統政黨聯手防禦的結果，卻仍然無法抗拒新興政黨的凌厲攻勢，祁璦閣所號召的「反對歐元運動」居然贏得了 1999 年及 2001 年的兩次公民複決。但在 2001 年的大選中，自由黨贏得五十五席國會議員，成為第一大黨，他與保守黨（十六席）合組內閣，安德烈‧賴士穆生出任首相，替代了社民黨的保羅‧賴士穆生。保守黨新黨魁貝思生 (Bendt Bendtsen) 擔任經貿大臣，同黨資深議員穆勒 (P. S. Møller) 出任外交大臣。社民黨獲五十二席為第二大黨，並改由呂克托夫 (Mogeus Lyketoft) 為黨魁。祁璦閣所領導的民眾黨則獲二十二席，仍為第三大黨。丹麥人民既已表明了愛護本土文化的態度，固守了北歐各國團結一致的立場；而歐盟亦已表示，在歐元的另一面，由各國自行設計其愛用的圖案，包括他們所喜愛的美麗女王肖像；為了產品外銷與科技合作，可能在下一次的公民投票中通過歐元的使用，以免「淪落為歐盟的二流國家」（《貝林時報》社論）。只要瑪格麗特二世適時發表談話，丹麥人民仍然會樂意追隨她進入二十一世紀的未來！

　　橫跨松德海峽，聯結哥本哈根與瑞典馬爾摩 (Malmö)，長達十六公里的歐洲第一長橋已經完工。2000 年 7 月 1 日，丹、瑞兩國國王在橋中相會，正式啟用的儀式，不僅象徵了兩國盡棄歷史宿怨，永締和平之基；而且更因歐洲高速公路直達北歐，象徵歐洲大家庭的成功建立。

　　瑪格麗特二世有兩位王子，長子費特力 (Frederik) 已自歐胡市大學畢業且曾在美實習，被正式立為王儲，次子約雅欽 (Joachim) 則繼承了父親亨利王夫的國際觀，曾遠赴澳大利亞學習農業，又娶了一位具有中華血統的美麗王妃文雅麗 (Princess Alexandra)，成為歐洲王室首位有亞裔血統的王妃。她精通英、德、日語及廣東話，嫁入王室一年後也通曉丹麥語。王妃熱衷於公共事務，曾一度同時任職於二十多個社會機構，並擔任聯合國兒童基金會丹麥分會主席，成為廣受歡迎的女性楷模。1999 年約雅欽王子與王妃迎接女王第一位孫子尼古拉王子 (Nikolai)，2002 年又誕下費利克斯王子 (Felix)，但兩人最終未能實現童話裡的美好結局，於 2005 年宣布離婚。從瑪格麗特二世對兩人離婚的後續安排，即可看出丹麥被譽為「全球最開明的王室」的原因。女王不僅尊重兒子的決定，還保證文雅麗的貴族身份不會因再婚而受影響，並冊封她為費特力堡女伯爵 (Countess of Frederiksborg)。丹麥國會更通過決議，將文雅麗列入國會批發的王室年俸名單 (civil list)，終身享有年度津貼兩百一十萬克朗。雖然約雅欽王子於 2008 年再婚，與瑪麗王妃 (Marie) 育有亨利王子 (Henrik) 和雅典娜公主 (Athena)，女王依然經常邀請文雅麗出席王室活動。文雅麗也在接受女王的善意安排後，於 2017 年宣布將在 2020 年 7 月（小兒子費利克斯王子成年之際）放棄王室年俸。

　　丹麥正站在本土文化的基礎上，繼續發揚歐洲文化，融合東方文化，本著和平、人道和博愛的精神，逐步走向世界大同。他們盼望：在上帝的恩佑下，丹麥人民仍能在新的世紀，發揮民族

力量，善盡其對歐洲與世界的國際責任！

第二節　「丹麥模式」的民主──審議、協商與溝通

　　丹麥經常被譽為西方民主國家的典範，它擁有完善的社會福利制度、相當重的累進稅收制度、低失業率且性別比例均衡的勞動市場、低貧富差距、高經濟表現和生活水準、高效率和低貪腐的公部門，以及互助互信的公民網絡。也因此聯合國在 1995 年所召開的社會發展問題高峰會 (The World Summit for Social Development)，即指定在丹麥首都哥本哈根舉辦。高峰會是當時有史以來最大規模的世界領袖會議，討論內容縱觀全球在跨入二十一世紀之際所面臨的挑戰，並指出貧窮、失業、社會解體和環境危機為極需控制的威脅。與會的各國領袖一致同意要在尊重多元宗教和文化背景的基礎上，追求具政治、經濟、道德和精神遠景的社會發展，更於會後通過《哥本哈根社會發展問題宣言》，做出致力消除貧困、創造充分的就業機會，並促進社會融合的承諾。

　　宣言發布的五年後，各國政府在 2000 年 6 月再度於日內瓦召開聯合國大會第二十四屆特別會議，審查宣言的初步成果。然而，國際官僚制度並未實際借鑑「丹麥模式」，來施行改革，聯合國會議最後也只對不理想的數據和需要改善的領域，繼續提出新的承諾，以致二十年後，全球貧富差距依然嚴峻。加上 2020 年以降新型冠狀病毒 (COVID-19) 的危害，使得低收入國家近年取得的減貧成果歸零，甚至出現嚴重倒退的現象。隨著疫情而出現的

各種經濟挑戰,更讓全球 2021 年陷入極端貧困的人口高達二億七百萬人,預計到了 2030 年總數可能超過十億人。如果新興市場的決策者能在後疫情時代參考「丹麥模式」的成功元素,逐步穩定財政,並完成財富重新分配的艱鉅任務,極端貧困的駭人未來也未必是定局。

　　「丹麥模式」的社會福利制度奠基於國民應享受平等且健全的醫療保健服務、社會保障、免費教育。高福利制度帶動的社會安全感及高效勞動市場都奠定了丹麥在全球化時代世界最具競爭力的領先地位。免費的公共服務促進人民平等,加上稅制輕勞重資,丹麥始終是全球貧富差距最低的國家之一。丹麥社會福利的稅源來自營業稅與個人所得稅。稅額制定是各國最具挑戰的議題,要達到多數人滿意的福利水準,才能使人民願意繳稅。在個人所得稅部分,政府為了避免懲罰勞工,薪資所得稅遠比股利所得課得輕。丹麥人普遍認為一生繳納的稅額,有約八成用於自己能享受到的公共服務,所以納稅意願高。

　　「丹麥模式」的企業組織扁平,傾向高度自治、高績效導向與團隊合作型態,使得社會安全網完善,讓丹麥人勇於面對挑戰,勞資關係也更對等。加入工會組織的雇員比例很高,約有 70%,勞資雙方代表通常會在政府的參與下,就薪資等議題進行談判,最終達到的成效使勞工素質、勞動市場成為丹麥競爭力的強項。

　　當全球經濟深受疫情拖累時,丹麥在 2021 年瑞士洛桑管理學院 (IMD) 發布的世界競爭力排行第三,歐洲競爭力排行第二。總體排名基於四個主要競爭力因素評估:經濟績效、政府效率、商

業效率和基礎設施。作為全球第三大最具競爭力的經濟體，丹麥被選為最適合經商的國家之一，排名中幾個分類的表現凸顯丹麥優於其他國家：生產力和效率（排名第一）、管理實踐（排名第一）、建立公／私合作夥伴關係（排名第一）、可持續發展目標（排名第一）、商業立法（排名第二）。丹麥企業所得稅低，讓企業得以維持國際競爭力。起點相同的社會服務也讓丹麥人很有安全感的擁抱全球化、新科技與職場的新挑戰。

　　福利制度完善的丹麥也擁有低失業率，2021 年的失業率大約為 4.1%。但在 1980－90 年代，丹麥也經歷過工會強勢要求每年加薪、七年失業保險，失業率高達 10% 以上的灰暗期。丹麥能改善失業率的關鍵，在於政府與民間協商意識比較高。例如自 2011 年起，被批評菁英化、不了解民眾實際困境的政府，開始在波虹島舉辦人民會議 (Folkemødet)，縮短決策者與民間的距離。每年 6 月人民會議吸引十萬多人，在島上進行數千場公共政策的辯論和工作坊。首相、各政黨領袖、企業家到工人、農民都平起平坐，聆聽彼此的意見、一起對話。這種形式的國民大會，源自維金人 930 年在冰島韋德村 (Þingvellir) 成立國會 (Alþingi) 的古老傳統。該國會較英國國會早數百年，而被譽為國會之祖。同時，人民會議與葛隆維號召的全民政治理想相合，亦符合晚近哈伯瑪斯 (Jürgen Habermas) 所提倡的「審議民主」趨勢，在投票之前要經過民眾的審議與溝通。

　　丹麥實行多黨制，其政治制度常被概括為「協商一致的民主制」。在比例代表制下，單一政黨很難獲得多數選票，因此丹麥政

府在推行任何政策前，都必須與各黨在以追求國家與國民利益的前提下，進行協商，繼而達成協議。如此一來，政府不會因政黨之間的對峙，而陷入無效停轉的僵局。

丹麥人在民主制度發展進程中，認識到市場資本主義的局限性所搭建的公民平等網絡，近年來因丹麥向境外難民敞開大門，而受到分裂的考驗。由於多數難民與丹麥人的信仰或生活習慣截然不同，加上經濟的分化，在全球化和多元文化的衝擊下，「誰是丹麥人？」和難民與新移民政策尺度，成為民主爭論與政黨協商的重要議題。

新移民、難民和丹麥人的價值觀衝突，反映在雙方對於自由和民主認識的差異，其中尤以民主法治先於宗教、婦女權益等問題最甚。這些爭議沸騰到從不發表政治觀點的女王，都巧妙的表達個人想法。女王於訴說丹麥歷史的著作《最深根源》(*De Dybeste Rødder*, 2018) 中指出，丹麥人對移民問題從友好的好奇 (friendly curiosity)，轉變成一種懷疑論 (skepticism)。她認為國民普遍低估移民融入社會的困難度，他們應更清楚的向新移民闡明丹麥的文化規則和價值觀。女王在接受德國《明鏡雜誌》(*Der Spiegel*) 採訪時，亦提到她並不視丹麥為一個多元文化的國家，但跟三十多年前相比，現在有更多不同背景和宗教的人群生活於丹麥境內。作為丹麥女王，她應該遵循憲法而信奉路德教派，這卻不代表她排斥其他信仰的人；相反的，女王相信宗教使她能更接近不同信仰的人們。女王同時強調君主對幫助丹麥人認識自己根源和對國家的重要性，因為沒有根的樹會倒下，有根的樹最終

一定會成為森林的一部分。女王認為許多國人忘卻他們的根基，而丹麥的君主立憲制能協助他們重新認識自身根源，因為君主是跨時代的象徵、是這變化莫測的世界上唯一不變且持續存在的元素。

在現代民主自由的社會中，國界理論上都是開放的。但在2020年新型冠狀病毒疫情爆發後，多國開始執行強制隔離及邊境封鎖等措施，對人權與援助邊界外人們的立場也出現轉變，使左右黨派對立的移民、難民問題更顯棘手。2021年社會民主黨出身的總理佛瑞德里克森(Mette Frederiksen)，在權衡各方利益下，協議採納極右翼政黨的反移民政策，從而鞏固其左傾政黨組成的少數政府，並以此妥協換取選票推進氣候改革等政策。數十年來，丹麥和歐洲各國極右翼政黨推動的嚴厲移民和庇護政策，竟然由左派執政黨實現通過，凸顯「丹麥模式」的「協商一致的民主制」以國家與國民的利益爲目標，務實妥協與溝通機制的效率。

第三節　締造人人確幸、全民幸福的國家

一、丹麥文化成為全球幸福的代名詞

自2012年世界幸福指數(World Happiness Report)推出以來，丹麥每年都榮登前三名，更於2012、2013和2016年奪冠成為全球最幸福的國家。丹麥文的Hygge（發音為hoo-gah）被定義為「一種舒適和愉快的氛圍，能夠產生溫馨的幸福感」和該國民族性格的典型元素。《牛津英語辭典》(OED)更因Hygge已成為

人人嚮往幸福生活的關鍵詞，而在 2016 年於添加這個新詞條。

這個全球最幸福的國度不僅經濟表現和生活水準高、失業率與貧富差距低，平均工時更是全球最低之一，所以丹麥人每天可以將 68% 的時間花在私人生活上 —— 遠高於經濟合作組織 (OECD) 的平均。但丹麥人平和的愉悅感，不僅來自事業與生活的平衡，他們經常說 Hygge 是「一種你無法用文字翻譯的感覺」，是一種生活態度，而每個人都有自己遠離塵囂或渡過寒冷灰暗時光的 Hygge 生活風格與人生哲學。

Hygge 生活下的美食文化從古至今都崇尚簡單自然。麵包是享受生活的基本品，也經常出現在名言中。如果聽到 "Spis brød til"，丹麥文直譯是「吃點麵包」，但實際上是告訴對方放輕鬆或不要反應過度！丹麥最基本的黑麥麵包 (Rugbrød) 已有一千多年的歷史，是當地早餐桌上的「必備品」，也是午餐和野餐常見的開放式丹麥三明治 (Smørrebrød) 的基礎。每個丹麥人每年會吃掉大約二十五到三十公斤的黑麥麵包，所以丹麥每天需要生產約九到十萬片各式各樣的黑麥麵包，而農民每年更要為國內和出口市場生產超過三十萬噸的黑麥。

由於講究美食的天然原味，丹麥是全球有機飲食比例最大的國家，也是第一個制訂有機認驗證系統的國家。該國的有機行動計劃不僅將公有土地轉型成有機耕作，同時加強農業教育關於有機生產的技術。四分之三的丹麥人每週會購買有機食品，而 2020 年該國人民購買的食品中更有 12.8% 是有機產品。他們選用當季食材，強調從飼養、種植到生產都必須符合天然環保，食材如海

邊岩石上的苔蘚和森林中的野生菌菇，都能成為餐桌上的精品。全球美食家也肯定丹麥為名副其實的幸福美食天堂，全國有二十多家米其林星級餐廳，包括距離丹麥本土遙遠、居民只有五萬多人的自治區法羅群島上的 KOKS。就算位處號稱世界上最偏遠的美食勝地，KOKS 首席廚師齊斯卡 (Poul Andrias Ziska) 也重視永續發展，將卓越廚藝與善待環境資源的理念結合，回歸本源就地取材。深海中的鯨魚、蛤、蝦、海藻等原始食材，經由創新手藝調理後成為佳餚美饌，滿足來自世界各地饕客挑剔的味蕾。珍惜自然，自然也會有所回饋。丹麥對於資源利用的審慎態度，使它在全球永續發展指數 (Global Sustainability Index) 排名第二，僅次於瑞典。

　　丹麥擁有「設計國」(design nation) 的國際地位，它除了以前衛美學、多元文化融合、環境保護及永續生活等深度思維享譽國際，也是第一個為設計制定國家級政策 (national design policy) 的國家。該政策於 1997 年推出，旨在提高中小型企業 (SME) 和公共部門的設計意識，並在新世紀發揮設計的潛力。當全球進入高科技時代，強調幸福感勝於一切的丹麥設計，堅信自然與傳統是創新的重要基礎。設計在丹麥文是 "Formgivning"，意即「賦予形式」，因此設計師們肩負賦予未來美學形式的使命。從建築、室內設計、時尚、珠寶、陶瓷工藝等數不盡的設計領域中可以發現，丹麥設計師的靈感源自高科技、心理學、工程學、商學、國際關係等諸多跨時代和文化的理念，同時融入對於自然性和功能性的關懷。他們重視改善而非改變，在既有的知識和經驗基礎上，重

新為永續生活建構簡單而和諧的美學。例如丹麥的塑膠遊戲積木神話「樂高」(Lego)，自 1932 年至今不僅帶給小孩歡樂童年，為父母們信賴，也深受各年齡層的喜愛，數十年銷售不墜。2009 年全球面臨金融危機，民間家庭到金融市場均遭遇財務困境，但樂高依然異軍突起實現兩位數銷售增長。

　　丹麥也不斷走在建築設計的前沿，眾多大膽創新的建築雖然外型和功能各異、概念豐富多元，但它們同在突破傳統規範之際，努力實踐環保和永續發展的理想。古老的首都哥本哈根也被充滿狂想的現代建築點綴。這些極具創意的設計，不只力圖以建築學改善市民生活、促進社會發展，更將綠色新建築精神（於 2020 年後將達到耗能近於零的標準）發揮得淋漓盡致。除了綠意盎然且包容多元文化的公共空間，配合綠色交通的單車基礎設施，例如和汽車道一樣寬敞的單車道，都使得單車數量高於汽車的兩倍。種種特色使得哥本哈根在全球最幸福、最宜居城市的排名中名列前茅。

　　丹麥聞名全球的建築師非常多，其中包括普利茲克獎 (Pritzker Architecture Prize) 得主烏松 (Jørn Oberg Utzon, 1918–2008)。他是世界上第二位在世便獲得這份殊榮的建築師，其設計的雪梨歌劇院已被列入聯合國教科文組織世界遺產名錄。曾擔任烏松下屬的拉森 (Henning Larsen, 1925–2013) 也在 2005 年完成哥本哈根歌劇院。他原本希望該建築能讓哥本哈根有座如雪梨歌劇院一樣為世界公認的地標，結果卻成了響徹國際的爭議紀念碑，不僅鉅額的建造成本惹人非議，就連其特殊的外觀設計也招來不

少負面評價。建築師本人則在 2009 年不尋常的出版《他們應該說謝謝》(*De skal sige tak!*)，來批評這座建築，書名暗諷歌劇院的贊助方認為丹麥人應該對他的捐贈伏首叩拜。拉森指出，贊助該建築的全球最大航運公司——快桅集團的主席繆勒 (Mærsk Mc-Kinney Møller, 1913–2021) 是帶著面具的「歌劇魅影」，而歌劇院則是繆勒的「陵墓」。拉森坦言兩人幾乎就建築物的所有美學角度爭論不休，建築師萌生退意，卻被繆勒威脅要藉由訴訟毀掉他的聲譽才勉強留下。然而，外界有評論認為拉森浪費了五億美元以及為祖國留下世界級文化地標的機會，身為建築師的他應為設計失敗負起更多責任。哥本哈根歌劇院的前衛設計和美學成功與否，因人而異，但從建築史或文化史的角度，它的建造過程和幕後八

圖 52：哥本哈根歌劇院

卦都留下了難得有趣的歷史文獻。

　　新一代丹麥建築師英格爾斯 (Bjarke Ingels) 則是賦予未來城市嶄新生活形式的開拓者之一。他認為，科技是創新的根基，它不是目的，而是達成目的的手段，一切的改變都是為目標對象打造最幸福的生活。英格爾斯的作品突破窠臼，強調經濟、生態和社會的元素，並注入永續享樂 (hedonistic sustainability) 的生活理念，進而運用建築載體可變化的本質，使作品帶有遊戲或運動的趣味和美感。他操刀的哥本山丘 (Copenhill) 設計案，在垃圾焚化發電廠上興建滑雪坡和世界上最高的人造攀岩牆，底部設有酒吧和餐廳，使發電廠也成為豐富居民生活的娛樂場所。而幫樂高積木公司建造，外觀如大型積木堆砌的樂高之家 (LEGO House)，則為其兒時夢想的體現，這個令大人小孩都著迷的童趣樂園，不僅榮獲多項國際設計建築獎，更在 2019 年 *TIME for Kids* 邀請世界各地小讀者們挑選全球最酷的目的地 (world's coolest places) 時，與哥本山丘並列前茅，再次印證丹麥設計朝永續生活發揮創意的成功趨勢。

　　英格爾斯的團隊有時也跨出典型丹麥風格，集結不同文化視角，共同創新，其中包括將難民、移民聚居且犯罪猖獗的哥本哈根市北島 (Nørrebro) 社區，改建成世界文化交流的楔形公園 (Superkilen Park)。英格爾斯以融合跨種族、宗教、文化和語言的「進行式藝術品」概念為主軸，邀請種族與文化歧異度相當高的居民一起參與設計，並在公園中陳設來自世界各地、反映各國文化印記的藝術品，讓這個原本讓人避之唯恐不及的社區，搖身一

變成為市民和遊客時常拜訪的市集和聚會場所。楔形公園克服了永續生活中新舊文化融合的挑戰，也反映丹麥政府嘗試拉進移民和當地居民距離的努力。

二、乘風破浪轉型成綠能王國

　　人類生活的環境不斷遭遇汙染、氣候變遷、海洋環境惡化等多樣災難的威脅。為了讓未來世代持續享有地球資源，丹麥一直是制定艱鉅綠色轉型政策、堅持實踐永續行動的先鋒。丹麥先是在 1971 年成為世界上第一個設立環境保護署的國家，爾後更為了在 2050 年實現碳中和，率先淘汰化石燃料的生產。在英國脫歐之後，丹麥成為歐盟最大產油國，在北海有二十個氣油田。其產油量雖遠不及非歐盟會員的鄰國挪威，但石油和天然氣利潤曾經是丹麥最重要的收益來源，幫助該國政府重建戰後經濟，成為世界上最富有、社會福利最慷慨的國家之一。為了實踐能源轉型，丹麥在多黨協商後，於 2020 年 12 月宣布將於 2050 年之前停止北海所有的石油、天然氣生產與探勘。此舉預計導致丹麥每年損失至少 GDP 的 0.6%。為了解決該國石油活動集中的埃斯比約 (Esbjerg) 地區後續的經濟發展和數千人的就業問題，協議中特別提供另類經濟發展支持，幫助石油業工人進行技能轉型。

　　永續發展非一蹴可幾，丹麥近十多年來不僅將氣候行動納入政策，也由於傳統能源是氣候變遷的主要導因，政府計劃在 2030 年全面停止使用煤炭，並將溫室氣體排放量減少為 1990 年的 70%，進而在 2035 年全面使用再生能源供電，最終於 2050 年轉

型成 100% 的再生能源經濟體。2019 年通過的〈氣候法案〉甚至要求所有政府部門脫碳，並成立綠色轉型委員會 (Committee for the Green Transformation)，確保永續性為未來政策的核心考量。

丹麥的海岸線長且風力強，在 1991 年就興建了世界上第一座離岸風力發電廠溫德比 (Vindeby)，成為全球第一個離岸風力發電的國家。其國營電力公司 (Dong Energy) 在 2009 年宣布改名為沃旭能源 (Ørsted)，將企業戰略從黑能轉型到綠能，並計劃在 2040 年以再生能源生產其 85% 的熱能和電力。該公司積極淘汰煤炭，於 2019 年提前二十一年達到目標，並將可再生能源發電份額提高到 86%，使得丹麥於 2019 年成為世界上最大的海上風能生產國。

全球興起綠能風潮，但 2020 年再生能源產業也遭遇新冠病毒疫情打擊，受到鋼鐵成本攀升、運輸延誤等問題的嚴重影響。當許多綠能大廠遭遇獲利低落與負成長的困境時，疫情反而使丹麥更堅定推進綠色投資的決心，政府再次領航宣布建設世界首座能源島——位於波羅的海的波虹島及北海上的一座人工島。該能源島為丹麥史上最大的基礎建設計畫，預計耗資三百四十億歐元並於 2033 年完工，屆時不僅增加丹麥的離岸風力發電量，電網將會跨國連接丹麥、瑞典、波蘭與德國，並擴增全歐洲 54% 的風電容量。

三、千年維金創新精神建造高科技王國

一千多年前維金人以其血腥征服聞名，但他們除了發明戰斧和造船艦等戰爭技術，也發明或優化許多適合本地的生活用品，例如髮梳、滑雪用品、磁羅盤和便攜式帳篷。如此的創新精神依

然存在於丹麥人心中，並發揮在高科技、生命科學、生物醫學、食品和環境科學領域。丹麥人不僅擁有大量專利，更持續突破、創新，探索更先進的解決方案，使國家能於最具創新力和最佳商業環境排名中傲視各國。

　　丹麥因國家小人口少而一向低調，但較小的規模往往更具備高度靈活性，使科技與醫學商業領域能快速適應外國的技術，亦比他國龐大而集中的工業模式，更容易因應全球化的發展。對教育的重視是丹麥人在創新設計與高科技領域成就的關鍵。丹麥是斯堪的納維亞地區教育投資最多的國家（位居世界前三名），也擁有該地區第二大受教育人口。所有丹麥兒童在十六歲之前皆享有免費的公立國民學校 (folkeskole) 教育。丹麥的教育方法避免班級排名和正式考試，注重培養合作、解決問題的能力，不鼓勵學生死記硬背。

　　丹麥政府廣為推廣與支持的技術都以教育作為其基礎。近年來其創新的教育內容包括實踐電競業產學合一。丹麥是全球第一個將電競納入國家政策的國家。2019 年頒布的國家電競戰略 (National Strategy for Esports) 除了宣導電競為健康活動，也強調其促進職場正面競爭、帶動經濟增長和跨領域發展的動力。丹麥文化部長博克 (Mette Bock) 認為電競已成為丹麥社會結構中獨立的文化。為了輔助電競融入社會的發展，丹麥學校提供電競教育並頒發獎學金，就像足球或曲棍球等其他運動一樣，學生可以代表學校參加電競比賽。國家政策為電競建立可持續的結構、促進國家人才培養、鼓勵更多女性參與，也為丹麥電競行業的成長、

創業和就業創造良好的商業發展機會 。 時任丹麥首相拉斯穆森 (Lars Lokke Rasmussen) 更親自主持電競賽開賽，拜訪在丹麥的重量級電競隊，與他們進行友誼賽，甚至將國際競賽表現亮眼的電競隊伍推廣為國民學習的榜樣。

　　丹麥在生物技術領域佔重要地位，主要原因之一也是其教育系統，包括一流大學、大學醫院、研究中心等都處於生物技術研究的前沿，在跨學科和開放式環境中教導學生，從而產生與業界商界高效合作、創新的研究和產品。從 1900 年代初，第一批丹麥製藥公司為該國日後的生命科學行業奠定基礎。丹麥於 1997 年與鄰國瑞典搭建跨國橋樑成立醫療谷 (Medicon Valley)，僱用超過四萬人，擁有十二所大學和三十二家醫院、八十多家生物技術公司、二十多家製藥公司和一百多家醫療技術公司、七個科學園區，進一步成為世界上最堅實的生命科學集群之一。

　　丹麥在 2021 年成為世界研發密集度最高的國家之一，研究人員集中度是歐洲的前段班。因此它成為多個主要國際製藥公司的首選基地，諾和諾德 (Novo Nordisk)、靈北製藥 (Lundbeck)、利奧製藥 (LEO Pharma) 和 ALK 皆發跡於此。丹麥的工業、大學和公共衛生部門攜手合作的傳統，也使得生技和製藥集群在癌症、中樞神經系統 (CNS)、糖尿病護理以及炎症和傳染病領域享譽全球。丹麥同時也是全球人均臨床試驗最多的國家之一，因此在藥物開發方面領先多國，擁有強大的臨床開發藥物商業渠道。

四、小國數位化領航人工智慧大國

丹麥人口少於六百萬，卻是全球生產力第七高的國家，這一成功得益於丹麥的數位化和人工智慧策略。丹麥的「數位增長策略」(Digital Growth Strategy) 計劃從 2018 年到 2025 年撥款共一億三千四百萬歐元，推動中小企業數位化、提高國人的數位技能、將電腦計算知識定為中小學的必修課程，並連結企業共享有效的公共數據，將監管制度彈性化，允許企業嘗試創新商業模式，提高中小企業的網絡和信息安全。丹麥並不是近幾年才開始重視高科技，國內幾位技術先驅包括以並行計算理論著稱的漢森 (Per Brinch Hansen,1938–2007)、發明 C++ 編程語言的史特勞斯特魯普 (Bjarne Stroustrup)、Skype 的共同發明者佛里斯 (Janus Friis)，以及 Google Maps 的聯合創始人拉斯穆森兄弟 (Jens Eilstrup Rasmussen 和 Lars Eilstrup Rasmussen)。

丹麥政府於 2019 年投資兩億歐元啟動國家人工智慧戰略 (NSAI)，以期讓丹麥成為高科技中心和人工智慧技術的領航者，獲得國際認可和競爭優勢。丹麥政府很早就開始投資新型且靈活的自動化技術，從而緩解日益擴大的就業差距和勞動力不足。政府藉投資機器人來提高生產力和效率，並維持競爭力和促進經濟增長，使其在全球機器人密度 (每一萬名員工安裝的機器人數量) 排名第十。而童話大師安徒生的出生地歐登塞，更成為機器人集群基地，只有十八萬人口的城市即擁有一百二十九家專門從事機器人技術的公司。該群集自 2015 年以來增長一倍之多，內部還有

四十多個教育項目和數十個研究與教育機構。此類結合丹麥「靈活安全」模式和教育體系的特徵，已逐漸成為該國機器人技術的代名詞。丹麥人正面擁抱機器人的態度，有利於提高競爭力，然而不是每個國家都抱持同樣觀點。2017 年歐盟調查顯示，82% 丹麥人對於人工智慧有好感；相反的，美國智庫皮尤研究中心 (Pew Research Center) 在美國的調查，卻發現 72% 美國人擔心機器人與人工智慧會取代他們的工作，導致他們失業。

丹麥政府大力投資科技創新，致力轉型為綠能與高科技王國，也將科技帶入公共利益乃至於外交領域，成立全球第一個科技大使館。2017 年 9 月，丹麥任命了世界上第一位科技大使。高科技雖為醫療保健、永續經營、教育和社會福利等領域帶來巨大的社會效益，但數據洩露、網絡攻擊、線上恐怖行為等利用高科技的負面現象也趨於惡化，挑戰各國如何在能兼顧民主的情況下，監督科技的管理，來維護公共安全。丹麥外交部下屬的科技大使館即將高科技提升為外交政策優先事項， 並在高科技外交計劃 (TechPlomacy) 中，將高科技、民主與人權等問題定調為需深入探討的關聯議題。

五、疫情對丹麥轉型的挑戰

2020 年以降，新型冠狀病毒肆虐全世界。截至 2022 年，疫情已造成全球五百七十多萬人死亡，重創經濟，使貧困狀況加劇。全球惶恐不安的氣氛更突顯了治理的重要性。丹麥發布特殊財政支持，通過工作保留計劃、無息貸款（2021 年 6 月截止）和對企

業的流動性協助，暫時幫助國家度過危機。政府還在 2020 年特別單項撥款 GDP 約 0.7%，補償因疫情而遭淘汰的水貂行業。丹麥追求能源轉型、高科技王國等遠大目標在這段期間一度面臨艱鉅挑戰，但該國仍於 2021 年通過多項綠能轉型方面的交易和大規模投資，在促進經濟復甦的同時，堅持履行對氣候指標立下的承諾。

　　丹麥在數位政府治理方面一向領先全球。當疫情迫使各國採取封鎖、隔離措施後，應急追蹤的即時信息共享、評估患者感染風險與響應救援的虛擬醫生、流行病學家與人工智慧合作、加速研發疫苗、社交距離監測、推動傳統公共服務數位化等環節，考驗數位政府的治理策略和危機管理。而數位政府如何確保各生活領域業務的連貫性，如電子健康、線上學習和遠距工作，成為維護國民安穩生活的關鍵。在聯合國 2020 年公布的全球《電子政務調查》(*United Nations E Government Survey*) 報告中，丹麥、韓國和愛沙尼亞在一百九十三個會員國當中獨佔鰲頭。丹麥的線上服務範圍和品質、數位基礎設施現狀、公民福祉財政資源，政治意願和戰略領導力等關鍵元素都領先全球。丹麥更在聯合國兩年一度衡量數位政府公共服務能力的電子政務發展指數 (EGDI)，從第九名躍升至第一名，遠遠領先於美國等較大的經濟體。聯合國秘書長古特雷斯 (António Guterres) 強調，後疫情時代的世界將變得更加數位化，邁向一個新「數位常態」。而丹麥作為全球數位化程度最高的國家之一，在受到史無前例的疫情災難波及後，因應人們互動方式的改變和各領域新型運作模式的出現，致力推動新技術的變革。

　　丹麥經濟從新型冠狀病毒危機中迅速復蘇，於 2021 年 9 月成為第一個取消所有疫情限制的歐洲國家，但三個月後因變種病毒感染率激增而重啟部分限制。2022 年 2 月，丹麥政府在疫情創下高峰之際，再度取消所有限制，宣布恢復疫情前的生活模式。雖然全球經濟與社會依然籠罩在疫情的陰霾下，丹麥政府對企業和家庭的即時支持，遏制了階段性的經濟收縮。疫情期間公共交通使用量的急劇下降，也加速推進無碳經濟指數，相關的創新投資也出現更多彈性。丹麥持續以「創新為集體智慧與能力」的關鍵策略，應對前所未有的挑戰，堅持實踐綠色轉型和永續發展，對未來抱持謹慎而樂觀的態度。

Denmark

附　錄

大事年表

1660	費特力三世開始君主專制
1675–1678	基士揚五世對瑞典的爭霸戰爭
1700–1720	費特力四世與「北方大戰」
1722	丹京成立第一所劇院，賀爾貝普及啟蒙思想
1746	創設丹麥國家科學院，倡導自然科學研究
1746–1766	費特力五世——啟蒙時代的開明君主
1749	《貝林時報》創刊
1762	俄皇彼得三世為霍爾斯坦攻打丹麥
1770–1772	史托恩醫生的政治改革
1784–1839	費特力六世在內憂外患中多難興邦
1801 及 1807	拿破崙戰爭期間，英艦兩度砲轟丹京
1814–1815	維也納會議——拿破崙戰後的歐洲重建
1814	挪威被割離丹麥，改由瑞典國王兼任挪威國王 制頒〈國民義務教育法〉
1820	歐士德發現電磁原理
1830	費特力六世詔令各省設置參議會
1832	葛隆維倡議設置民眾高等學校
1835	安徒生出版第一部童話集
1840	興建杜凡生美術館
1841	基士揚八世訂頒〈地方自治實施法〉
1843	創建梯浮里娛樂公園 祁克果發表《非此即彼》哲學論文集
1847	第一條鐵路通車
1848–1850	第一次薛來斯威戰爭
1849	費特力七世簽署丹麥憲法

1857	丹麥國會通過〈自由貿易法〉
1863	基士揚九世嗣位開創幸運堡王朝
1864	第二次薛來斯威戰爭
1903	國民義務教育延長為九年
	芬生獲諾貝爾醫學獎
1910	創立勞動法庭
1912–1947	基士揚十世歷經兩次世界大戰
1914–1918	第一次世界大戰
1918	冰島獨立，丹王兼任冰島國王至 1944 年
1922	波爾獲諾貝爾物理學獎
1929–1942	社民黨薛道寧倡組全民政府
1935	連接日德蘭半島和芬島的跨海大橋落成
1939–1945	第二次世界大戰
1945	簽署〈聯合國憲章〉，為聯合國創始會員國
1947–1972	費特力九世重建戰後丹麥
1949	加入「北大西洋公約組織」
1953	修正後的新憲法公布實施
1956	實施國民退休年金制度
1959	加入歐洲自由貿易協會
1960	開辦全民疾病保險
1961	設置文化部
1965	加發殘障津貼
1970	調整行政區域並開始發放失業補助金
1971	創設環境保護部
1972	瑪格麗特二世登基為丹麥國王

1973	通過〈地方自治法〉、加入歐洲共同體
1974	〈社會援助法〉公布實施
1982–1993	保守黨施魯特領導中間偏右政府
1986	公民投票通過走向單一歐洲的統合目標
1987	歐洲共同體高峰會議在哥本哈根舉行
1991	興建全球第一座離岸風力發電廠
1992	簽署〈馬斯垂克條約〉，同意成立歐洲聯盟
1993	社民黨再度領導執政，以拉士穆生為首相
1997	和瑞典合作成立醫療谷
1998	丹麥人民黨在祁璦閣領導下躍居第三大黨
2000	橫跨松德海峽，聯結丹麥與瑞典的長橋竣工
2005	哥本哈根歌劇院落成
2009	國營電力公司改名沃旭能源，轉型發展綠色能源
2017	任命全球第一位科技大使
2019	通過〈氣候法案〉、頒布國家電競策略、啟動國家人工智慧戰略
2020	宣布於 2050 年前停止北海的石油、天然氣探勘和生產
2022	瑪格麗特二世登基五十年、取消新冠肺炎防疫限制，恢復正常生活

參考書目

中文部分

王曾才，《西洋近世史》，國立編譯館主編。臺北：正中，1978，臺修一版。

李方晨譯，Carlton J. H. Hayes, Parker T. Moon & John W. Wayland 合著。《世界通史》，臺北：東亞，1960。

Stewart C. Easton 著，李邁先譯，《西洋近世史》。臺北：幼獅，1969。

李邁先，《西洋現代史》。臺北：三民，1986。

Will and Ariel Durant 著，張身華等譯，《世界文明史》。臺北：幼獅，1973。

郭恆鈺，《德意志帝國史話》。臺北：三民，1992。

馮作民編，《西洋全史》。臺北：燕京，1975。

Thomas Carlyle 著，曾虛白譯，《英雄與英雄崇拜》。臺北：商務，1974。

William H. McNeill 著，楊萬運，賈士蘅合譯。《世界通史》，臺北：正中，1978。

戴月芳編，《國家與人民，第一冊：北歐》。臺北：地球，1977。

外文部分

Andersen, H. C. *81 Märchen*. Odense: Skandinavisk Bogforlag.

Brandt, Frithiof. *Sören Kierkegaard, sein Leben u. Werke*. Copenhagen: Det Danske Selskab, 1963.

Bredsdorff, Elias. *Hans Christian Andersen, Des Märchendichters Leben und Werk*. Frankfurt a. M.: Fischer, 1983.

Christiansen, Eric. *The Northern Crusades*. London & New York, 1997.

Cohat, Yves. *Die Wikinger–Abenteur Geschichte*. Ravensburg: Otto Maier, 1990.

Colding, Holck, and Bent Rying, ed., *Copenhagen University, 500 Years of Science and Scholarship*. Copenhagen: Danish Ministry of Foreign Affairs, 1979.

Dam, Poul. *N. F. S. Grundtvig*. Copenhagen: D. M. F. A., 1983.

Danish Ministry of Education and Research. *The Education System* Copenhagen, 1998.

Dat Oekonomiske Raad, *Dansk Oekonomi*. Copenhagen, 1991.

Fernis/Haverkamp. *Grundzüge der Geschichte von der Urzeit bis zur Gegenwart*. Berlin: Diesterweg, 1962.

Gravesen, Ernst. *A Survey of the Administration of the Educational System in Denmark*. Copenhagen: Danish Ministry of Education and Research, 1978.

Harder, Erik. *Danishe Kommunal Verwaltung*. Copenhagen: Det Danske Selskab, 1972.

Hávamál. *The Sayins of the Vikings*. Translated. by Björn Jánasson. Reykjavik: Gudrun, 1992.

Jacobsen, Helgen Seiden. *An Outline History of Denmark*. Copenhagen: Høst & Søns, 1986.

Kampmann, Eva. *Denmark: Country of Fairytales*. Translated by Judy Reeves. Narni-Terni: Plurigraf, 1993.

Knudsen, Tim, ed. *Welfare Administration in Denmark*. Copenhagen: Ministry of Finance, 1991.

Oakley, Stewart. *The Story of Denmark*. London: Faber, 1972.

Pedersen, Clemens, ed. *The Danish Co-operative Movement*. Copenhagen: Det Danske Selskab, 1977.

Prise, Birgitte. *Droningen, Hyrdinden og Skosstensfejern, T. V. Drama*. Copenhagen: Rhodos, 1987.

Roerdam, Thomas. *Die Dänischen Volkshochschule*. Translated by Reinhold Dey. Copenhagen: Det Danske Selskab, 1977.

Rying, Bent, ed. *Danish in the South and the North, II: Denmark: History*. Royal Danish Ministry of Foreign Affairs, 1981.

Seven Viking Romances. Translated by Hermann Palsson and Paul Edwards. London & New York: Penguin, 1985.

Thaning, Kaj. *N. F. S. Grundtvig*. Copenhagen: Det Danske Selskab, 1972.

Thodberg, C., and A. P. Thyssen, ed. *N. F. S. Grundtvig, Tradition und Renewal*. Copenhagen: Det Danske Selskab, 1983.

Thorsen. Leif. *Die Danischen Volksbücherein*. Translated by Dey, Reinhold. Copenhagen: Det Danske Selskab, 1977.

電子文獻及其他政府出版品

丹麥王國外交部網站，Denmark — an-in-depth description. http://www.um.dk

Dänishe Themen.

Fachtsheet Denmark (Copenhagen: M. O. F. A.).

Hansen, Poul, *The Danish Ombudsman* (Copenhagen, 1992).

The Nordic Statistical Secretariat, *Yearbook of Nordic Statistics*, Copenhagen, 1997–1999.

圖片出處 ： 1, 3, 4, 6～9, 11, 14～16, 18～28, 30～32, 34～40, 42～47: Wikipedia; 2: 本局繪製 ; 10, 13, 17, 41, 48, 49, 52: Shutterstock; 29: The Metropolitan Museum of Art; 33: Library of Congress

烏克蘭史——西方的梁山泊

地處歐亞大陸交界的烏克蘭，歷史發展過程中不斷受到周遭勢力的掌控，但崇尚自由的他們始終堅持著民族精神與強鄰對抗。蘇聯解體後，烏克蘭終於獨立，但前途仍然一片荊棘，且看他們如何捍衛自由，朝向光明的未來邁進。

捷克史——波希米亞的傳奇

古老而美麗的布拉格、舉世聞名的文豪、歐洲宗教改革的先驅或努力衝破鐵幕的布拉格之春，看似不相干的字語，卻都是在描述位於歐洲心臟地帶的國家——捷克。這個歷經眾多紛擾卻仍生出璀璨文化的國家，是如何成為今天的模樣？隨著作者的文字，一起踏上捷克，一探究竟吧！

波蘭史——譜寫悲壯樂章的民族

十八世紀後期波蘭被強鄰三度瓜分，波蘭之所以能復國，正顯示波蘭文化自強不息的生命力。二十世紀「團結工會」推動波蘭和平改革，又為東歐國家民主化揭開序幕。波蘭的發展與歐洲歷史緊密相連，欲了解歐洲，應先對波蘭有所認識。

西班牙史——首開殖民美洲的國家

位於南歐的西班牙，是第一個敲響大航海時代鐘聲的國家，成為殖民美洲多地區的帝國。然而隨著時代移轉，西班牙因佛朗哥專制、王室貪腐以及疫情重創，而陷入不確定的年代。西班牙該如何突破困境，重返過去榮光，就讓我們拭目以待。

奈及利亞史——分崩離析的西非古國

奈及利亞,這個被「創造」出來的國家,是歐洲帝國主義影響下的歷史產物。國內族群多元且紛雜,無法形塑國家認同、凝聚團結意識;加上政治崩壞、經濟利益瓜分不均,使得內戰不斷、瀕臨分崩離析的局面。今日的奈及利亞,如何擺脫泥沼,重展非洲雄鷹之姿?

伊朗史——創造世界局勢的國家

曾是「世界中心」的伊朗,如今卻轉變成負面印象的代名詞,以西方為主體的觀點淹沒了伊朗的聲音。本書嘗試站在伊朗的角度,重新思考那些我們習以為常的觀念與說法,深入介紹伊朗的歷史、文化、政治發展。伊朗的發展史,值得所有關心國際變化的讀者深入閱讀。

阿富汗史——戰爭與貧困蹂躪的國家

經歷異族入侵,列強覬覦,阿富汗人民建立民族國家,在大國夾縫中求生存,展現堅韌的生命力。然而內戰又使阿富汗陷於貧困與分裂,戰火轟隆下,傷痕累累的阿富汗該如何擺脫陰影,重獲新生?

韓國史——悲劇的循環與宿命

位居東亞大陸與海洋的交接,注定了韓國命運的多舛,在中日兩國的股掌中輾轉,歷經戰亂的波及。然而國家的困窘,卻塑造出堅毅的民族性,愈挫愈勇,也為韓國打開另一扇新世紀之窗。

印尼史——異中求同的海上神鷹

印尼是一個多元、複雜的國家——不論在地理或人文上都是如此。印尼國徽中,神鷹腳下牢牢地抓住一句古爪哇用語 "Bhinneka Tunggal Ika" ,意為「形體雖異,本質卻一」,也就是「異中求同」的意思。它似乎是這個國家最佳的寫照:掙扎在求同與存異之間,以期鞏固這個民族國家。

越南史——堅毅不屈的半島之龍

龍是越南祖先的形象化身,代表美好與神聖。這些特質彷彿也存在於越南人民的靈魂中,使其永不屈服於強權與失敗。且看越南如何以堅毅不撓的精神,開創歷史的新篇章。

國家圖書館出版品預行編目資料

丹麥史：航向新世紀的童話王國／許智偉著.——增
訂二版一刷.——臺北市：三民，2022
　　面；　　公分.——（國別史叢書）

　　ISBN 978-957-14-7321-5 （平裝）
　　1. 丹麥史 2. 歷史

747.31   110017209

國別史

丹麥史——航向新世紀的童話王國

作　　　者	許智偉
發 行 人	劉振強
出 版 者	三民書局股份有限公司
地　　　址	臺北市復興北路 386 號 (復北門市)
	臺北市重慶南路一段 61 號 (重南門市)
電　　　話	(02)25006600
網　　　址	三民網路書店 https://www.sanmin.com.tw
出版日期	初版一刷 2003 年 7 月
	初版三刷 2014 年 8 月
	增訂二版一刷 2022 年 5 月
書籍編號	S740360
I S B N	978-957-14-7321-5

三民書局